JN016068

55歳からでも失敗しない
投資のルール

株式会社バリューアドバイザーズ
五十嵐修平
SHUHEI IGARASHI

CROSSMEDIA PUBLISHING

プロローグ

はじめまして。株式会社バリューアドバイザーズ代表の五十嵐修平です。この度は本書を手に取ってくださり、誠にありがとうございます。

私は東証一部上場の証券会社で資産運用コンサルティングに従事した後、不動産会社などの経営参画を経て2013年に当社を立ち上げ、「独立」「中立」な立場から、これまでにおよそ3000人の資産形成・資産運用のお手伝いをしてきました。

本書では、主に50代以上のミドル～シニアの方に向けて、投資や運用の考え方や具体的なテクニックをお伝えしていきます。

なぜ50代以上の方に絞ったかというと、お客様と接するなかで近い将来に退職という人生の大きなイベントを迎える方や退職金を受け取った方の多くが、どう運用したら良いかわからず、セカンドライフに不安を感じていることに気付いたからです。

「誰に相談していいかわからない」「本当に頼れる人がいない」「個人での大きな額の運用は怖い」といった理由で投資への一歩を踏み出せなかったり、「証券会社や銀行は信用できるのか」「かつて投資で大きく損をした」と躊躇している人もいます。

この本を手に取ってくださったみなさんも、お金について何らかの悩みがあるのだと思います。そんな方たちの悩みに対して、私は「ＩＦＡ（Independent Financial Adviser：独立系ファイナンシャルアドバイザー）」として証券会社や銀行、保険会社など既存の金融機関とは異なるアプローチで解決に導いてきました。

ＩＦＡとは、金融の先進国である欧米を中心に発達した制度で、特定の金融機関から独立して、金融商品をアドバイスできる専門家のことです。証券会社や銀行に属していないため、中立的な存在として、幅広い選択肢から、最良の提案ができるのです。

国民の間で資産運用が定着している米国では、「人生で成功するには、医師、弁護士、ファイナンシャルアドバイザーの３人の専門家が必要」といわれるほどで、その数は12万人を超えています。「身近なお金の専門家」として知られ、頼られる存在です。日本では欧米ほど広く知られてはいませんが、ここ数年で登録者は増えていて、２０２０年12月時点で約４２００名。内閣総理大臣の登録を受けた資産運用のプロフェッショナルとして存在感を高めています。中立的な立場のお金の専門家というとＦＰ（ファイナンシャルプランナー）を思い浮かべる方もいるでしょうが、ＦＰが具体的な金融商品を推奨できないのに対して、ＩＦＡはさらに踏み込み、具体的な商品・サービスまで提案することができます。ＦＰは家計の改善などに強く、ＩＦＡは資産運用に関して強いというように、それぞれ専門分野が違うのです。

投資に成功する人・失敗する人がいるのはなぜ？

そもそも、なぜ投資に成功する人とそうでない人にわかれるのでしょうか。

証券会社時代を含めて多くの方と接してきた私から見て、失敗する人には共通点があります。それは資産運用の目的が不明確で、証券会社や銀行など金融機関の営業担当者に言われるがまま、金融商品を売買していることです。医者から処方された薬を疑う患者がいないように、金融機関が勧める商品に間違いはないと思うようですが、これには注意が必要です。

確かに、彼らは金融機関に勤めているため、みなさんよりは金融商品に詳しく、それこそＦＰのような資格も持っているかもしれません。

ですが、その立場は「営業担当」であり、「お客様視点に立ったアドバイザー」ではないケースが多いのです。詳しくは第1章で解説しますが、組織の一員ですから会社の方針に従わざるを得ませんし、売上目標のノルマもあります。そのため必ずしもお客様の最善を考えている、とは言い難い現状があります。むしろ、金融に詳しいという自分の立場を利用し、「変な商品を勧めるはずがない」といったお客様のバイアスを知ったうえで、金融機関都合の商品をプッシュすることもあるのです。

もちろん営利企業なので、会社を存続させるため、そしてお客様を長くお守りするためにも、売上を上げることは必要になります。私の考えでは、あくまで売上はお客様に貢献した対価としていただくものです。お客様から感謝をもらった証として売上に寄与するので、当社では売上のことを「感謝値」と呼んでいます。

既存の金融機関は自社の売上が最優先になる傾向があるので、このように顧客本位ではない提案が行われているのではないでしょうか。

つまり、さまざまな要因がありますが、多くの方が失敗してしまう一番の原因は「正しい運用が行われていない」ことなのです。

一方、投資で成功する人には、2つのパターンがあります。1つは、徹底的に時間やお金をかけて勉強をしているケースです。ただ、なかなか一般の方が多くの時間やお金を運用の勉強に費やすことはできないのではないでしょうか。なかには私の友人でもあり、楽天証券で人気コラムを多数執筆している税理士兼投資家の足立武志先生が開く塾に通い、しっかりと勉強され、個別株の売買で成果を出されている方も、もちろんいます。足立先生の著作『株を買うなら最低限知っておきたい ファンダメンタル投資の教科書』（ダイヤモンド社）は12万部を超えベストセラーになっています。ただ、1人では相場の急変時などにルールを厳格に守っていくのは難しいので、真剣に投資と向き合うことのできる人や、リスクを承知で大きな利益を狙っていきたい人向けの運用方法と言えるでしょう。

人生にはお金よりも大切なことが、たくさんあります。例えば、家族や友人との時間、そして仕事です。人生の時間は有限ですから、優先順位を付けていった方がいいでしょう。投資が趣味で勉強の時間が確保できるならまだしも、投資は何となく必要だと思っているが、時間をほかのことに使いたいという方も多いのではないでしょうか。

成功者のもう1つのパターンは、プロのアドバイザーに頼っているケースです。彼らは、投資のルールや原則を理解したうえで、金融の専門家とチームを組み、運用を進めていきます。そして、大切な時間を投資の勉強ではなく、本業や趣味、家族との時間など人生を有意義にするために活用されています。運用に時間を使うのは年に数回ある、アドバイザーとの打ち合わせの時だけです。

相談する相手も、先述のような特定の金融機関ではなく、我々のような独立・中立性のあるアドバイザーを選択していることも特徴です。いずれの場合も成功する人は「効果的な運用を行っていること」が共通点です。

冒頭で少し触れましたが、ＩＦＡは特定の金融機関に所属せず独立した立場です。独立した立場なので、会社都合ではなく、多くの選択肢のなかからお客様に合った商品をご提案することが可能です。

2、3年で転勤や異動することが多い金融機関では、在籍中にいかに売上をあげたかが評価の大部分を占めるため、短期的視点かつ、自社の利益を優先してしまう傾向があります。一方、基本的に転勤という概念がないＩＦＡは、お客様を生涯にわたってサポートするため、長期的な視点から保有すべき商品を選定することができます。

つまり、「金融機関の代理人」ではなく「お客様の代理人」として接するため、限りなくニーズに沿った提案ができるのです。こういったＩＦＡの良さをいち早く知った方たちは、生涯のパートナーとして、我々のような存在を受け入れています。また、自分の判断で退職金などを運用したものの全くうまくいかず、失敗した後に相談に来られる方を何人も見てきました。独学で効果的ではない投資方法を進めてしまうのはとても危険です。ゴルフも我流では間違ったフォームが癖になることがあります。しかし、しっかりとコーチをつけてレッスンを受ければ正しいフォームになっていきますよね？

ＩＦＡとタッグを組み適切なアドバイスを受けることで、みなさんのお金に対する知識も正しい方法で取得することが可能です。これにより、投資に対して適切な判断が下せるようになります。

本書ではＩＦＡの視点から、みなさんを担当したような形で事例を説明しながら、あなたに合った資産運用の方法をお伝えしていきます。「正しい運用の方法」を学び、投資が素晴らしいものだと感じてもらえれば幸いです。

投資はギャンブルではない

投資と聞くと、「こわい」「あぶない」「ギャンブル」とネガティブな印象を抱く方が少なくありません。

ＦＸ（外国為替証拠金取引）、相場の下落局面でも利益を狙うことができる株の信用取引など、ギャンブル性の高い投資商品のイメージが先行しているのでしょう。

特にＦＸをはじめとする一部の金融商品は、「ゼロサムゲーム」であるのも問題です。

ゼロサムゲームとは、ゲーム理論の1つで、参加者の利益と損失の総和（サム）が「0（ゼロ）」になるゲームのことです。ゼロサムゲームでは利益を得る人がいれば、誰かは必ず損をしてしまいます。例えば、ＦＸでは、円と米ドルのように取引を行う組み合わせを通貨ペアと呼びますが、ある通貨ペアを買った人が利益を得ているなら、その相手として売った人は、その分を損していることになります。少なくとも、50代以上の方がセカンドライフの資金をつくるのに活用するべきものではないと考えています。

これに対して、株の現物取引は「ノンゼロサムゲーム」です。実体を伴う投資で、投資先の企業が成長して総資産額が大きくなり株価も上昇すると、その銘柄を買った投資家すべてが勝者となります。その後、利益確定のために売ったとしても、企業が発展さえしていれば、その後に買った人だって儲かります。つまり、企業価値が上がっている限りプラスサムになるのが株式投資であり、それは投資信託でも同様です。投資をギャンブルにしないためには、「ノンゼロサムゲーム」で行うことがまず重要です。

ここで投資に関する2つの考え方を紹介しておきましょう。

投資戦略は、「サテライト投資」と「コア投資」に分けることができます。

サテライト投資

株式市場などマーケットの動きに合わせて、価格が上がりそうな商品を探し、多少のリスクを取ってリターンを狙う戦略です。中長期というよりは短期の値動きを参考に、相場観（投資タイミング）で運用します。変動する相場を背景に投資でダイナミックさを味わうことはできますが、運の要素も大きく、値動きによっては悲観と楽観を繰り返すので、長く続けるには精神的なタフさが求められるでしょう。リスクを承知のうえご自身で売買を楽しんだり、営業担当者が「これは今買い時です」とパンフレットを持ってくるような投資方法です。

簡単に言うと、サテライト投資は

◎短期の考え方（～５年）
◎「予想・賭け」という考え方
◎上がりそうな商品を探す
◎相場観（投資タイミング）の運用
◎悲観←→楽観の繰り返し
◎難しい？悩む？続かない？
サテライト
（マーケットベース）
証券会社や銀行のセールスを受けたりご自身で売買を楽しむような方法
◎中、長期の考え方（最低５年～）
◎企業収益の成長（経済成長）
◎利子・配当収入の積み上げ
◎複利or単利の考え方
◎理論（仕組み）の運用
◎簡単、悩まない、続けられる
コア
（ゴールベース）
目的と目標を見据えた計画的な方法

サテライト投資とコア投資の違い

個別株やFX、株の信用取引など、売ったり買ったりを繰り返す投資を指します。手数料収入が欲しい金融機関にとって、お勧めしたい手法と言えるでしょう。相場観で運用するので勝つ時は大きく儲けますが、負ける時は損も大きくなります。自分の資金をそれなりのリスクにさらすので、あくまでも売買を楽しむという感覚で臨むべきものでしょう。この手法で長期的に資産を形成しようというのは間違いです。ましてや、50代以降の方にとってはなるべく減らしたくない、これからの人生に本当に必要な資金です。そのため、サテライト投資に資金を集中させるのはお勧めできません。

コア投資

「セカンドライフの資金を準備したい」などの目的・目標を定め、最低5年以上の中長期の視点に立った安定的な資産運用の戦略です。短期の値動きではなく時間をかけて企業収益の成長（経済成長）に乗り、利子や配当の積み上げで資産を増やしていくので、相場観による運用とは一線を画します。

だからこそ、日々の値動きを気にする必要がありません。目的・目標に達するために商品を選び資産運用をするのが基本的な流れです。運や勘ではなく理論（仕組み）

の運用なので、長続きしやすいでしょう。

その際に用いるのは長期的な成長が見込める株式や、株式よりもリターンは少ないものの一定の金利収入が期待できる債券、これらを対象としていて1つの商品で分散投資ができる投資信託です。複数の資産を組み合わせる手法を「ポートフォリオを組む」と言います。

わかりやすいように下の図で説明します。株式の値動きは上下の動きが激しく、債券は安定しているがリターンが少ないという特徴があります。

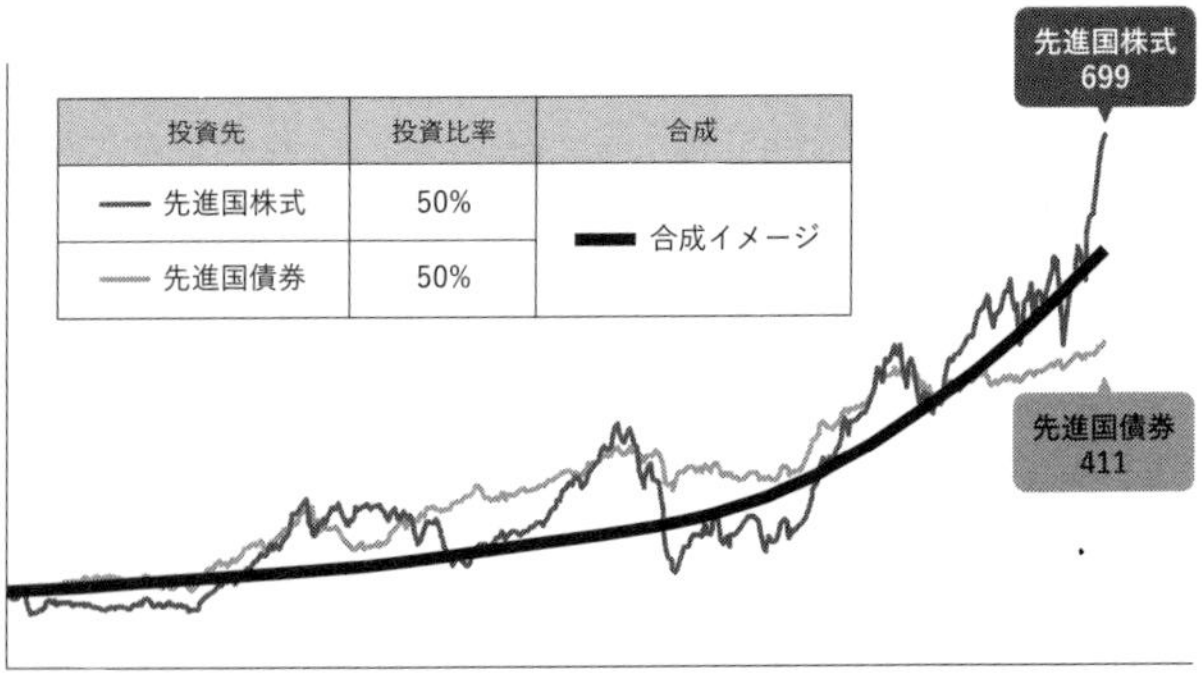

※期間は1989年12月末～2021年5月末
※先進国株式はMSCIワールド・インデックス（税引後配当再投資）、先進国債券はブルームバーグ・バークレイズ・グローバル総合債券インデックス、いずれも円ベース。
出所：Bloomberg、リフィニティブのデータをもとにキャピタル・グループが作成

株式と債券の値動き

しかし、半分ずつ持った場合、つまり真ん中の太い矢印の動きを見ると、株よりも安定していて、債券よりもリターンが得られる結果になっています。このような運用をするのが鉄則なのです。

世界の超富裕層も実践している「コア投資」

11歳から株式投資をはじめ「投資の神様」と言われているウォーレン・バフェット氏は、アマゾン創始者のジェフ・ベゾス氏との対談の際、「なぜみんなあなたの投資戦略を真似ないのか」と問われました。その問いに対し、バフェット氏は「ゆっくり金持ちになりたい人なんていないよ」と答えました。つまり、世界で最も成功している投資家のバフェット氏もまたコア投資で資産を増やしたのです。

例えば、株式単独で運用するのではなく債券も加えることで、リターンは少なくなりますがリスクを抑えた運用が実現します。これがコア投資の考え方であり、50代以上の「守りながらも成長させたい資産」を多く持つ人にとっても、ストレスなく続けられる手段になると考えています。

投資がギャンブルになるのは「サテライト投資」

株式投資がギャンブルに近くなるのは、短期的な値動きを追うサテライト投資を行なっている場合です。もちろん、相場についてしっかり学び、ルールを徹底すればリスクを抑えることはできますが、株式は企業業績や国の景気などにより短期的に上下に振れることがあり、それを投資家が完全に予見したり、コントロールすることは不可能です。だからこそ、大きく勝つこともあれば、反対に負けることもあります。これだと、ギャンブル的な側面が強くなってしまいます。

結局のところ、売上を上げるためのセールスに使われたり、自分自身で売買を楽しむサテライト投資は、短期的な相場の上げ下げを予想することで利益を上げる、マーケットベースの資産運用です。運良く予想が当たれば利益を得られますが、そうでないと気持ちは乱れ、悲観と楽観を繰り返すだけです。そのストレスによって不安になり、長続きするのは難しいと言えるでしょう。もし、マーケットベースの投資で儲けられるのなら、証券会社の営業担当者は自分の資産で実践しているはずです。

ここ数年はビットコインなど暗号資産の取引で億単位の資産を稼いだ「億り人」が話題になりました。個別株やＦＸでそれだけの資産を築いた敏腕トレーダーもいます。メディアのインタビューでは、自分なりの相場観やテクニックを披露していますが、果たしてどれだけの人が再現できるでしょうか。短期で価格が上下するような銘柄を対象にした投資であることが多く、正直なところマネできない手法であることがほとんどです。本気で時間をかけて学び、厳格なルールをどんな状況でも守り続けられた場合に成功することもありますが、多くの方には難しいですし、そこまで時間をかけられない方も多いのではないでしょうか。

運の要素も多分にあり、万人には通用しません。ただ、サテライト投資が一概に良くないという話ではなく、保有資産全体のバランスが重要なのです。サテライト投資は資産の一部で行うのは問題ありませんが、本気で資産を増やすためにはコア投資を主軸に置いた資産運用がお勧めです。

50歳を超えたら「コア投資」がお勧め

一方で、中・長期で取り組むことでリスクを極力排除し、安定運用を目指すコア投資は、ギャンブルではありません。ライフイベントなどをもとに資産運用の目的を確認し、それを達成するために必要なリターンを逆算したうえで最適な投資をする「ゴール（目的）ベース」のコア投資を実践するのが、ミドル世代以上には向いています。中・長期視点に立ち、企業収益の成長に乗るのがポイントで、利子や配当の積み上げ、複利運用で「お金がお金を生む」状態をつくるのです。

ある全世界株式に投資する投資信託を例に見てみましょう。1年間で運用を止めてしまうと、33％の割合でマイナスになりますが、5年で保有するとその可能性は10％まで減り、10年保有だと3％（リーマンショックの1回のみ）、15年持ち続けるとマイナスになる可能性はゼロになることが、過去のデータからわかっています。

　過去の事例から考えると10年間保有を続けていたら、マイナスになる可能性は非常に低いと言えるでしょう。そして、先ほど述べたように株式と債券を合わせた場合、利益は減りますがトータルの値動きが安定するので、通常の相場でしたら5年程度運用を続ければマイナスになる可能性は非常に低くなっていきます。

　まず、株は長期で見ると世界経済の利益（付加価値の合計値）の上昇

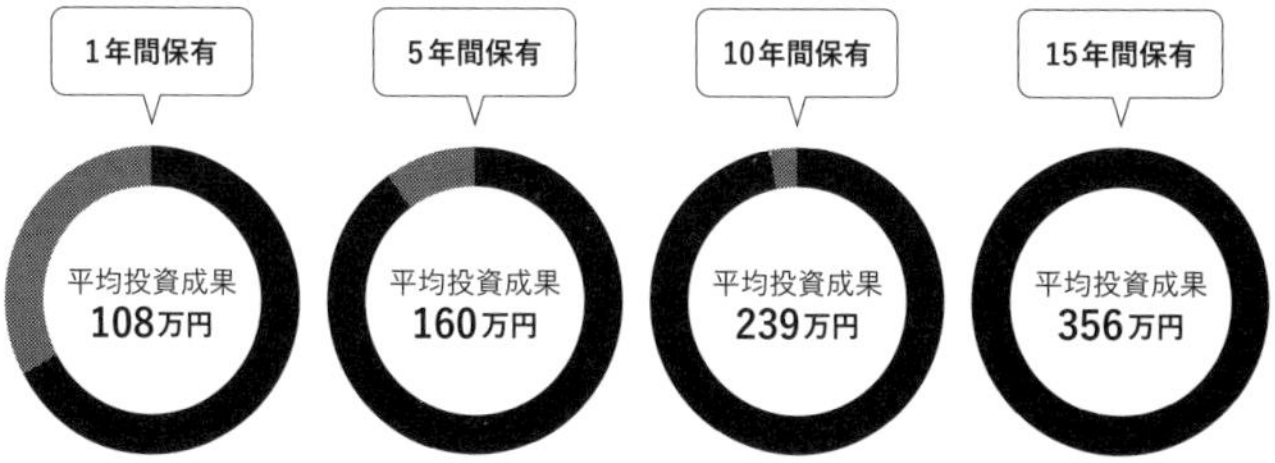

	1年間保有		5年間保有		10年間保有		15年間保有	
＋	31回	67%	38回	90%	36回	97%	32回	100%
－	15回	33%	4回	10%	1回	3%	0回	0%

※1973年の年末を起点に2019年末までを試算したもので、
　それぞれ年初から所定の年数経過後の年末までのリターンを集計しています。
※購入時手数料3%相当、信託報酬等の費用相当（年率1.72%）を控除しています。ただし、税金は考慮していません。

出所：キャピタル・グループ

15年保有するとマイナスになる可能性はゼロに

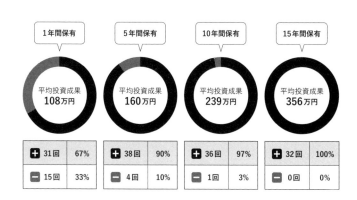

に合わせて、上がり続けているということを理解することが大切です。

株式投資の先には実体経済があります。例えば、日本で最も時価総額が高い会社であるトヨタ自動車の株を買った場合、トヨタの株主、つまりオーナーになれるのです。トヨタの社員が日々一生懸命に働いてくれて、利益を生み出し、その生まれた利益から配当金が払い出されるのです。または、ｉＰｈｏｎｅをお使いの方も多いと思いますが、アップルの株式を買えばアップルのオーナーになり、アップルから配当金も受け取れます。その配当金だけでも、銀行預金よりお得になる気がしませんか。

このような特徴を活かした投資を行うために、コア投資では定めたゴールに向かい、長期の安定運用で資産を増やすこと、ポートフォリオを組むことをお勧めしているのです。

コア投資でポートフォリオ運用をするには、投資家自身にも投資の知識、ルールを知っておく必要があります。そこで本書では、まず金融機関に相談する前に知っておきたい知識、そしてマネーリテラシーについてお話しした後、コア投資をベースとしたポートフォリオ運用の始め方をやさしく解説していきます。より身近に感じていただだくため、ケーススタディも用意しました。投資の経験を問わず、わかりやすい解説を心掛けたので、読み終わったころには、自身が始めるべき運用が具体的に把握できているはずです。本書の巻末に、ご購入者様限定で読者特典も用意していますので、そちらもご活用ください。また、本書では投資ではなく、なるべく資産運用という言葉を用いて説明していきます。

何よりも、本書が資産運用に対する誤解を解き、みなさんの豊かな人生を実現する一助になれば幸いです。さっそく、ページをめくっていきましょう。

２０２１年７月

五十嵐修平

目次

第1章

金融機関に相談する前に知っておきたいこと

第2章 資産運用で成功するためのマネーリテラシー

第3章 50、60代にお勧めの資産運用手法

第4章 投資に失敗しないためのケーススタディ

本書は情報提供を目的としています。本書の内容は２０２１年6月10日現在のものであり、予告なく変更されることもあります。また、内容には細心の注意を払いましたが、正確性を保証するものではないことをご了承くださいませ。個別商品の詳細については、各金融機関に直接お問い合わせをお願いします。情報の利用によって、万が一損害が発生した場合、著者および出版社は責任を負いかねます。投資にあたっての最終判断はご自身の責任でお願いいたします。

また、本書に掲載しているシミュレーション、ケーススタディはいずれも過去の実績を基にした参考値です。将来の運用成果、数値の正確さを示唆・保証するものではありませんので、ご了承ください。

第1章

金融機関に相談する前に知っておきたいこと

担当者が一生懸命に提案するのは、ノルマを達成するため

みなさんのような年齢であれば、駅前などの好立地に支店を構える大手証券会社の飛び込み営業や、銀行窓口で個別株や投資信託の勧誘を受けたことが、一度くらいあるのではないでしょうか。

「今が買い時です」
「セカンドライフの資金を投資で準備しましょう」
「預貯金よりもお得です」

金融機関の担当者は、さまざまな誘い文句で金融商品をアピールしてきたはずです。

ご存じかもしれませんが、証券会社はバリバリの体育会系の世界。ハキハキとした、爽やかで熱意のこもったセールストークに心を動かされ、口座を開き資産運用を始めた人もいるかもしれません。

なぜ彼らはこれほどまで熱心に資産運用を勧めてくるのでしょうか。「私の将来を案じてくれている」「資産運用が彼らの仕事だから」など、思うことはさまざまでしょうが、かつて証券会社に勤めていた私から言わせていただくと、それはシンプルに、「ノルマを達成するため」です。

なかにはお客様の成功を第一に考える担当者も確かにいますが、多くの営業マンの視線の先にあるのは上司や所属する組織であり、普段向かい合っている「お客様」ではありません。

極端な言い方になりますが、金融機関からするとお客様が儲かろうが損をしようが、彼らの懐は痛むことはありません。むしろ、個別株や投資信託をより多く売買してもらうことが目的のため、銘柄が上下に激しく動く分にはどちらでもいいと考えていると言っても過言ではありません。では、なぜそれほど取引を勧めてくるのでしょうか。

答えはシンプルで、金融機関の収益源は「売買手数料」だからです。

つまり、お客様が金融商品を売り買いすればするほど、金融機関の懐は潤うのです。店舗型の証券会社であれば、投資信託の購入時手数料は購入金額の3％ほど。1億円分を購入すれば、それだけで300万円の手数料収入が舞い込みます。新興国債券の場合は、為替手数料込みで高いと8％程度のものもあるため、1億円の取引なら800万円です。心無い担当者なら、まずこういった商品を買ってもらい、「あまりこの新興国債券は成果が見込めないから、今回は売却して他の投資信託を買いましょう」と誘導し、短期間で20％近い手数料収入を得ようとするかもしれません。

金融機関の視点で考えると、お客様が同じ商品を持ち続けても利益は生まれないので、回転売買させるのが、儲けの鉄則なのです。お客様が上昇していきそうな銘柄を保有し続けるよりは、その間に何回か売買してもらったほうが証券会社は儲かりますし、お客様としても損をしているわけではないので、悪い気はしないでしょう（実際は手数料分が利益から差し引かれます）。損失を抱えた場合は、「塩漬けにしてはもったいないので損切りしましょう」と、一見すると心強いアドバイスに聞こえますが、その裏には、「次に行ってもらわないと手数料が取れない」という本音が隠されているかもしれません。

もちろん、証券会社は慈善事業をしているわけではなく、会社を続けるためには利益を確保しなければいけません。利益を確保するのは事業をしているからには当然なのですが、お客様の役に立ったうえで利益を上げるという大前提が崩れてしまい、ただ売上目標のために利益を上げるという事態になっているように感じます。それは、大手の会社であれば役員が何人もいて、何か所も都道府県内の一等地に支店を構えるなど、膨大な運営コストがかかっていることが原因かもしれません。

これらを維持するにはお客様のほうを向いた営業よりも、会社都合の商品提案をせざるを得ないのが現状なのです。悲しいですが、彼らも会社員ですから仕方のないことかもしれません。ただ、それよりも悲しいのは「自分のために頑張ってくれている」と思っているお客様ではないでしょうか。

金融機関の営業担当者にも事情はあります。毎回厳しいノルマが課せられ、未達だと上司からキツイ言葉を掛けられるなんて、日常茶飯事です。私が在籍していたころも、1時間に1回は上司が机をきつくたたく音がオフィス内に響いていました。さらに昔は、四季報や灰皿などのモノが飛んでいたという話もあります。

「まさか?」と思うでしょうが、思い出してください。元国営のかんぽ生命は、保険に詳しくない顧客に対して生命保険を不正に販売し、ゆうちょ銀行でも投資信託の分配金が定額でないのに定額と虚偽の説明をして買わせるなど、信じがたいトラブルが起きました。

金融機関の営業担当は爽やかで明るく、人柄を評価して商品を買う人も、少なからずいるようです。それも相手を信用しきっているがゆえのことで、うまくいけばまだしも、リスク商品なので元本を割ることもあり、「こんなはずじゃなかった」とトラブルに発展するケースも少なくありません。

ただ、近年は金融庁の意向もあり、お客様目線で提案を行う金融機関もあります。そして、金融機関の担当者のなかには、会社の利益追求主義に反し、お客様目線で頑張っている方も多くいらっしゃいます。読者のみなさんが金融機関で取引する際はこういう点を気を付けた方がいいのだな、という視点で読んでいただければ幸いです。

こんな営業担当者には要注意！

営業担当者の、セールストークにも気を付けないといけません。では実際、どんなセールストークでお客様に商品を買ってもらうのでしょうか。投資信託の場合は、「テーマ型」や「みんなが買っている」「新商品」は鉄板のキーワードです。

例えばコロナ禍であれば「アフターコロナの注目株」など、世の中の動きに合わせた投資信託は企画・準備が進められ、商品化して販売されます。過去であれば、2016年はロボット関連、19年は5G、自動運転関連ファンドが流行りました。お客様からしても、世間が盛り上がっているなら買っておこうという気になるでしょう。では、こうしたテーマ型の投資信託のパフォーマンスが良いかというと、そうとは限りません。世間の関心度合いと、その関連商品のパフォーマンスは必ずしも一致しないのです。

ですが、喉元過ぎれば熱さを忘れるとばかりに、新たなテーマが生まれては商品になると、再び担当者に勧められるまま買ってしまう……そんなことが起きています。証券会社からすると、テーマ型の投資信託は次々とリリースされるので、顧客に提案しやすいのです。

「みなさん買っていますよ」「新しい商品が出たのでどうですか?」というのもキラーワードです。投資信託に限らず他のモノでもこういったセールストークがあれば、ついつい商品を手に取ってしまいます。そんな常套句が、この世界にははびこっているのです。

その他にもよくあるパターンを3つ紹介します。

よくあるパターン①　「残りわずかです！」

よくあるのが「残りわずかです！」という売り文句。「この債券は、そろそろ売り止めです」「今、決断しないと次のチャンスはありません」と購入を迫りますが、実は支店全体のノルマは10億円もあり、まだまだ残っている状態だったりします。そこで買ったとしても、また翌月にしれっと同じ商品を勧める担当者もいるくらいです。そもそも、投資信託であれば数に限りはありません。いつでも買うことができるので、鮮魚店や青果店の売り物とは違います。

よくあるパターン②　「人気商品です！」

2010年ごろは「4～6年後にブラジルでオリンピックとワールドカップが開催されるので、このブラジルレアル建て債券は非常に有望です。かつての日本が高度経済成長していたころを想像してください。そのころの日本と同水準の金利であることが物語っています。今、注目の商品です！」というようなセールストークもお馴染みでした。さらに「債券には数に限りがあり、残りわずかですが、いかがでしょうか？」と畳み込まれたら、あのころの日本の成長に沸いた時代を思い出し、「ああなるのか」と思って手を伸ばすかもしれません。

ですが、多くの人が買っていたとしても、それが良い商品かどうかは別の話。ましてや金融機関がノルマで勧めていることが原因で、たくさんの方が購入して結果的に人気商品になっているケースもあります。

よくあるパターン③　「新商品です！」

先にも触れましたが、「新商品でたくさんの人が注目しています！」というのは、まったく根拠がありません。新しい投資信託は運用実績がなく、パフォーマンスも不明です。それにもかかわらず自信を持って勧められても、よくよく考えると納得がいかないのではないでしょうか。

また、情に訴えて買わせようとする「お願い系」の営業担当者がいることも事実です。シニアであれば、サラリーマン時代の自分と重ね合わせて同情買いするケースもあるようです。もちろん、このようなセールスはもってのほか。その担当者も先輩や上司からアドバイスされたのかもしれませんが、ビジネスの世界、こと顧客の人生を左右する資産運用にまったく関係のない情を絡めてくるのは、許されることではありません。投資家の側も冷静に判断してほしいところです。

ところで、みなさんは営業担当者にはどうして転勤や異動があると思いますか？それにはこんな裏側があります。実は金融機関はみなさんが想像する以上に退職する人員が多いのです。私が在籍していた証券会社の支店には、当時20人の従業員が在籍していました。ところがノルマの達成に非常に厳しい支店長になった途端、過酷な厳しい業務に耐えられず、1年で8人も辞めてしまったことがありました。しかし、従業員が退職したとしてもお客様の数が減るわけではありません。ということは、別の支店などから顧客担当のために補充してもらう必要があります。そのような理由によって、転勤が頻繁に起こるのです。

また、ある担当者がお客様に損をさせて、怒り心頭とばかり投資をやめてしまうのは、よくある話です。ところが、新しい担当者になり「前任者の失態を私で挽回させてください！」と言われると、仕切り直しとばかり投資を再開する人がいます。転勤した前任者も、損をさせたお客様よりも新天地で新たなお客様に提案したほうが、よりチャンスに恵まれるでしょう。

しかし担当者が3年ごとにコロコロ変わると、お客様側は新しい担当者になるごとにイチから自分のニーズなどを伝えなければいけませんし、深い人間関係が築けず、ましてや顔と名前が一致しないというお客様もいるようです。長期の資産運用を目指す場合、これはかなりのデメリットです。営業担当者側もお客様の意向をしっかり聞いても頻繁に転勤があるので、短期間でいかに成果を上げるかということを考えてしまうのです。これは構造的な問題と言っていいかもしれません。

あなたの預貯金を狙う、金融機関の罠

営業担当者のセールストークだけでなく、提案される商品自体やキャンペーンにも注意が必要です。ここでは特に用心したい投資信託とその他の個別の金融商品・投資対象などを「罠」と題して、3点ほど解説します。

金融機関の罠①　一部の資産に偏った運用

証券会社の営業担当者がお客様に個別株を買わせる場合は、世間のトピックと絡めるケースが多いようです。「日本では水素ステーションが次々とできていて、トヨタは水素自動車を開発しています」と言われると、水素ステーション関連の企業が気になるはず。もちろん、それで利益が出ることもあるので決して悪いことではありませんが、そのような手法で上がる銘柄を当て続け、継続的に利益を得ることができるでしょうか。証券会社の人はプロだから、個別銘柄を当て続けられることができるだろうと考えている方がいらっしゃいますが、少なくとも私が証券会社に在籍している時に、そのような社員は1人もいませんでした。もし、そのような人がいるなら自分の資産を頻繁に売買して増やしているでしょう。

個別株は大きく利益が出ることもありますが、大きく損失を出してしまうこともあります。運用は大きく損をしないことが大切であり、投資した資金が半分になったら元に戻すのは大変です。若い世代なら時間をかけて取り戻せるかもしれませんが、50代以降となると、そのような時間は多くありません。仮に1000万円が50％減ると500万円で、そこから50％戻したとしても、資産は750万円にしかならないのです。

また、最近では外国の株式を頻繁に勧める傾向にあります。外国の株式の値動きは上下が激しいので頻繁に売買してもらいやすいということと、日本株式よりも為替手数料および売買手数料が多く発生するため売上にも繋がるという理由です。

さらに、企業の不祥事があったとしても、それを事前に見抜くことは不可能と言っても過言ではありません。現在は再上場していますが、２０１０年にＪＡＬ（日本航空）は会社更生法の適用を申請しました。日本を代表する企業の１つであり、親方日の丸の企業を誰が倒産すると思ったでしょうか。「かぼちゃの馬車」の事件以降、不正融資などで業績が低迷したスルガ銀行も、かつては地方銀行の雄として称えられ、個人投資家から人気の銘柄でした。もし、１銘柄に集中投資をしていて、こうした悪材料で株価が暴落すると目も当てられません。

個別株は絶対に儲からないわけではなく、なかには頻繁に売買して多額の利益を出した人もいます。ただ、それはごく一部の限られた人で、誰もが再現できることではありません。その方は有料のセミナーに通うなど、多くの時間を勉強に費やして投資のスキルを身につけた可能性もあります。トレードに費やせる時間が、どれだけあるかもパフォーマンスを左右するでしょう。また、トレードのルールを厳格に守らないと大やけどする可能性もあります。トレードの結果は人それぞれなので、「自分も勝てる」と過信するのは避けたいところです。私はそれよりも、50代以降の資産運用は、投資信託を中心にリスクを抑えたやり方を推奨します。なぜなら、投資信託ならば、複数ある投資銘柄のうち、1つが低迷しても、他の銘柄がカバーしてくれるからです。1つの商品で分散投資によるリスクヘッジが期待できるのが、大きなメリットです。

株主優待目当てで100株保有するというなら、決して止めません。私自身も優待目当てで割引目当てに百貨店の株、スーパーの株や、家電量販店の株などを持っています。

新興国の株・債券に偏った運用にも要注意

ASEAN（東南アジア諸国連合）やアフリカ、南米には経済が発展途上の国や地域があり、これらは総じて「新興国」と呼ばれます。日本や欧米と異なり人口が増えていて、インフラもまだ十分に整っておらず、今後の経済発展を期待することができるため、これらの国で事業を展開する会社に投資をすると、大きなリターンを狙えるというわけです。

一方、新興国の経済基盤は弱く、政情が不安な国や地域もあり、先進国に比べると市場規模が小さいことがほとんど。株価のボラティリティ（価格の変動性）は高く、倒産リスクも高くなります。大きなリターンを期待して新興国株を買うのは決して悪いことではありませんが、あくまでも分散投資の一部に留めておくべきです。

本当にお勧めできないのは、新興国の債券です。ブラジルやトルコなどは金利が10％近い商品もあり、これなら1000万円分、購入すると年間の利息は、なんと100万円です。さぞ、魅力的に映ることでしょう（下図参照）。

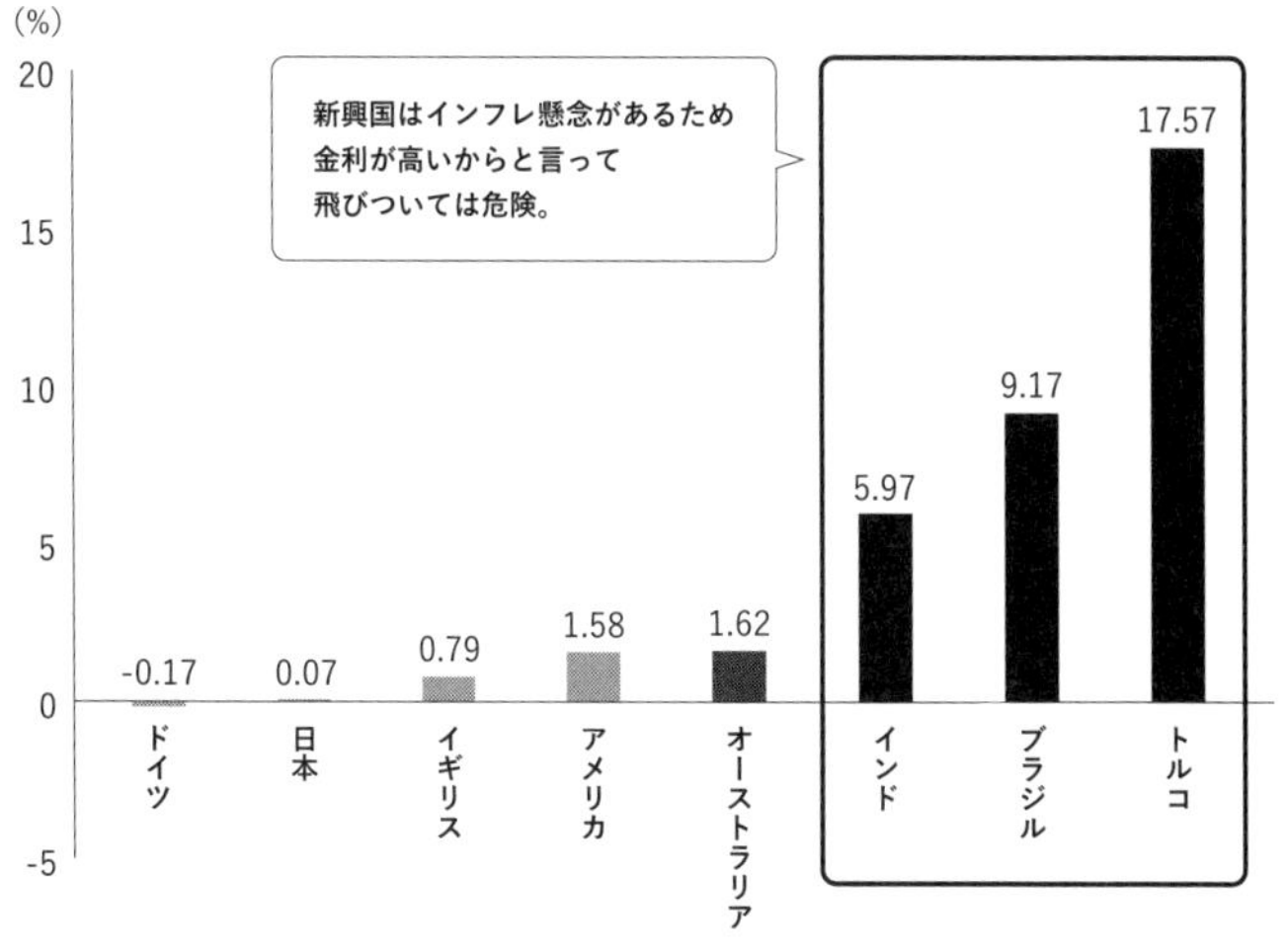

出所：2021年5月時点データ ロイターを元にバリューアドバイザーズ作成

各国の10年国債利回り

ところが、高金利ということは、その分物価の上昇が激しいことも意味します。下の図のように、今年はペットボトルの水が１００円だとして、その新興国のインフレ率が10％なら翌年には１１０円に値上がりするので、例え債券の利回りが９％あったとしても、１年後に１０９円にしかなりません。物価の上昇を考えると実質１円マイナスです。

　このように物価上昇率（インフレ率）が高い国は、物価上昇率の低い国と比較すると貨幣の価値が相対的に下落する傾向があります。よって、

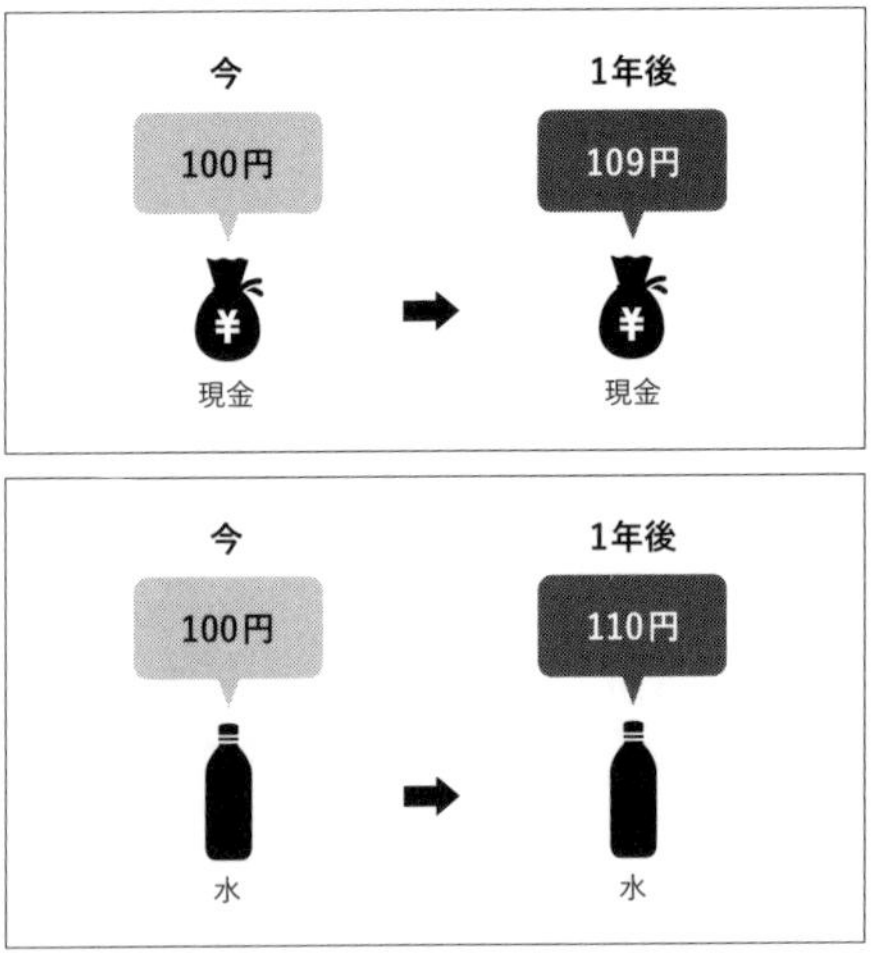

物価の上昇を考えると、実質１円マイナス

物価上昇率と貨幣の価値

新興国の債券の値動き

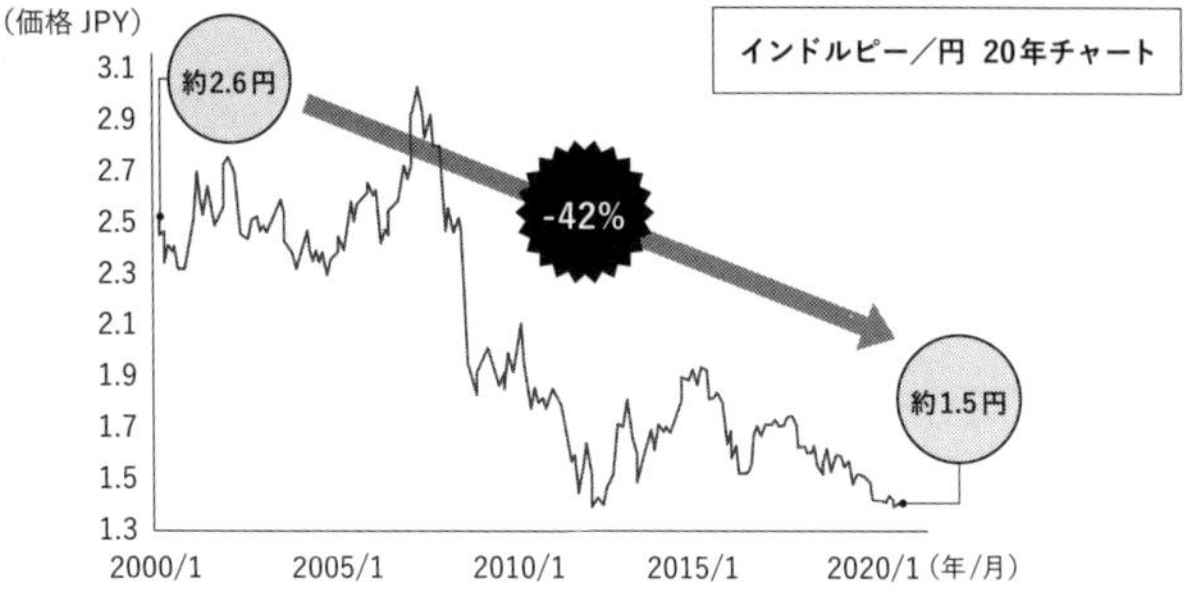

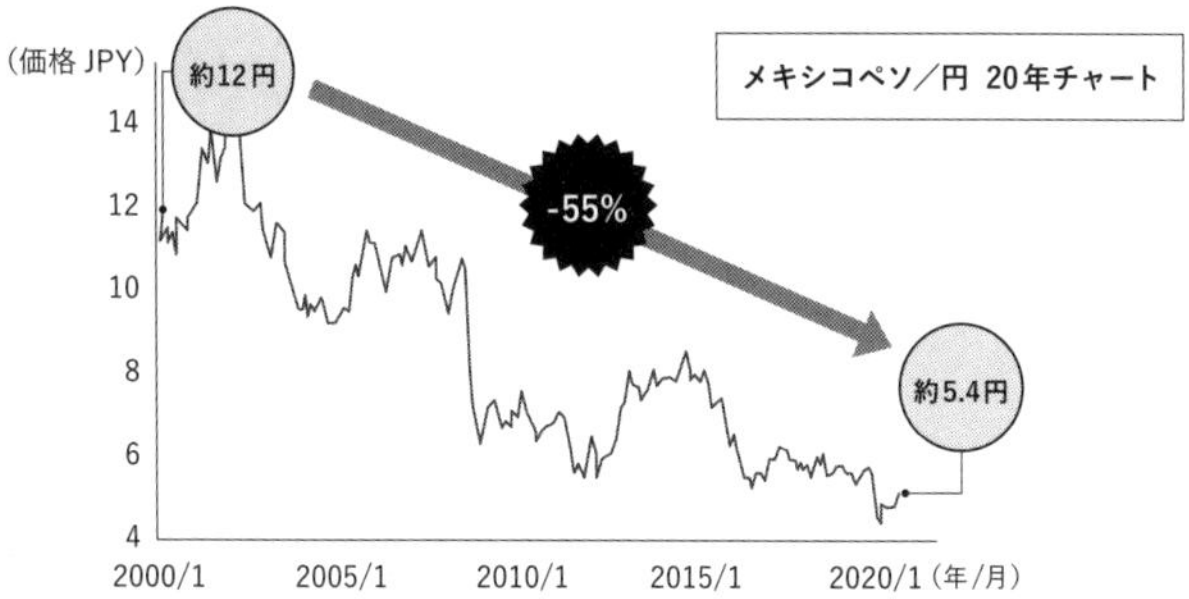

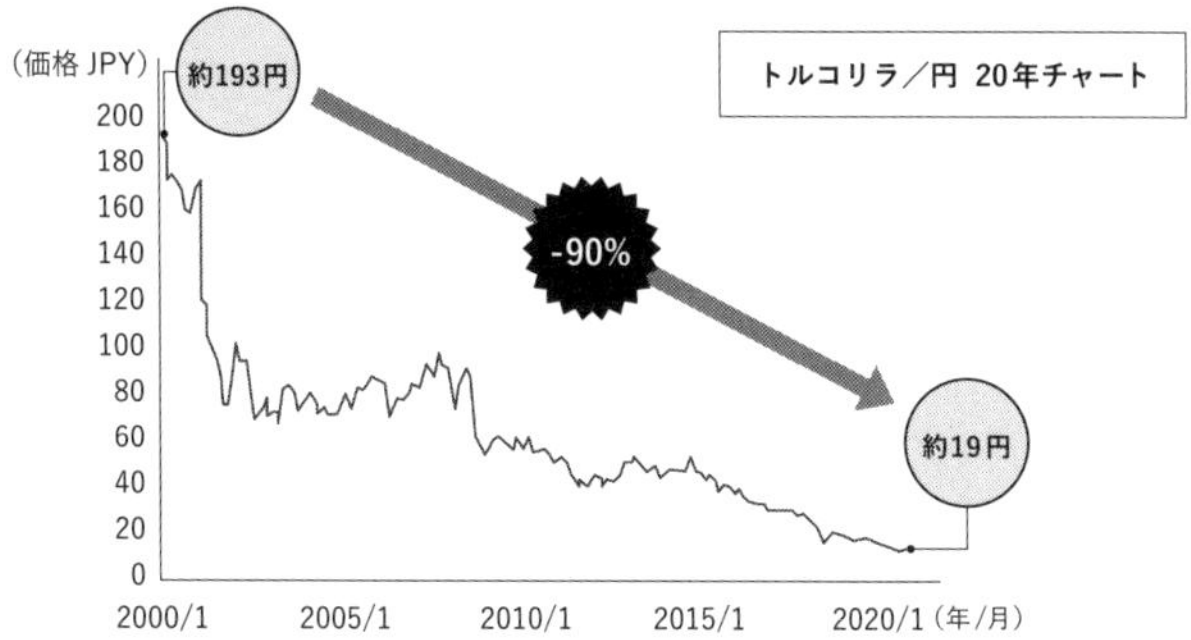

出所：バリューアドバイザーズ作成

為替も下落基調になり、債券を現地通貨建てで持っていたとしても、それ以上の為替の下落により相殺される可能性が高いのです。

前ページの図を見ると、長期間で見ると新興国の為替は円高基調で、この20年間でインドルピーはマイナス42%、メキシコペソはマイナス55%、トルコリラもマイナス90%を記録しています。ブラジルレアルも20年前は1レアル60円だったのが、現在は20円を割りました(すべて2021年6月時点)。

多くの日本人はどこの国の為替でも、「下がったら上がる」「上がれば下がる」と思いがちです。実際インフレ率が安定している米ドルに対しては、価格は上下しながらも比較的安定した値動きを形成するのが特徴と言えるでしょう。ところが、新興国の為替は波を打ちながら下落し続けるのが、この20年間のセオリーです。こういった通貨に多くの資産を割くのは、賢明とは言えません。加えて新興国通貨の為替手数料は片道で6~7%かかりますから、円から新興国通貨、決済して新興国通貨から円に戻した時点で、利息分の利益がなくなってしまうこともあります。

例えば、年利回りが10％の新興国債券があるとして、5年間持っておくと投資額に対して50％のリターンがつきます。ただし、それは外貨ベースの話であり、そのうち利益の約20％は税金として差し引かれるので、リターンがまずマイナス10％、為替の往復手数料でおよそ10％がかかるとしたら、残りの利益は30％。ところが、インフレでこれ以上為替が下落していると、その時点で損失が確定します。見た目の数字のインパクトがあるので金融機関は扱いますが、私はお勧めしません。おそらく、証券会社の営業担当者も組織の方針に逆らうことはできず、「これって儲からないのでは……」という疑問を抱きながら販売している人もいると思われます。

金融機関の罠②　高分配ファンド

高い分配金をうたった高分配ファンドは、「安定的に分配金が得られる」という理由で、人気の金融商品です。

ただし、投資信託の分配金のほとんどは、「元本払戻金」であり、その原資は投資家から集めた資金です。

これをダムに例えると、ダムの水位が投資信託の基準価額で、水位が上がると基準価額も上がり、水位が下がると基準価額も下がるという仕組みです。川からの安定的な水の流入が投資先からの配当金や利息収入とすると、いつ降るかわからない雨に相当するのは、いつ上昇するかわからない相場の値上がり益です。こうしたなか、川からの流入は一定で雨も少ないにもかかわらず、それを超える規模の放水＝分配金を出すと、ダムからは水がなくなります。これが、高分配ファンドの正体なのです。

投資信託の値段は、運用開始時の基準価額が1万口あたり1万円というのが決まりです。この1万円が運用開始されると利益や損により、8000円や1万2000円と毎日値段が動いていきます。

ここで、基準価額2500円で1万口あたり35円の分配金が出る投資信託があるとします。この投資信託を250万円買うと毎月3万5000円、1000万円買うと14万円が毎月分配金として入ってきます。見た目のリターンは大きくなり、営業担当者に勧められるままに、こうした商品を買う人は多いでしょう。とりわけ、セカンドライフの収入が気になるシニアにとっては、お宝のように映るかもしれません。

高分配ファンドをダムに例えると…

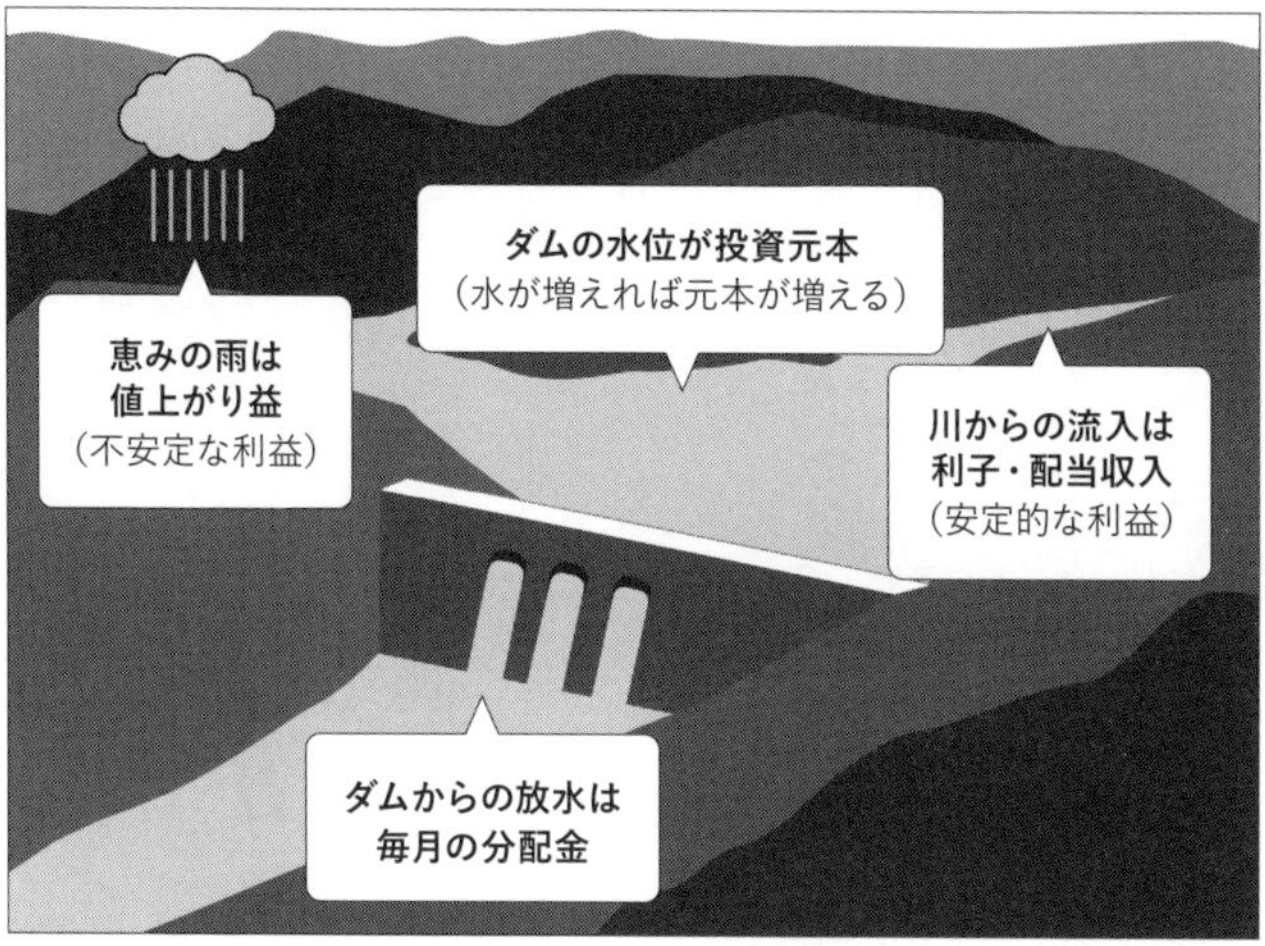

放水しすぎると…

ところが、この商品の収益は、たった3円。雨はほぼ降らず川からも水は流れずダムの水位は、ほぼ上がっていません。ところが35円分も放水するには、32円分を収益以外から調達しないといけません。当然ながら投資元本が使われるので、その結果、この投資信託の基準価額は32円分値下がりすることになります。このようなことを繰り返していると、その投資信託はあっという間に干上がってしまいます。実際、こういった無理な負担を続ける商品は運用が厳しくなり、途中で分配金を減らしたり、しばらくすると当初の10分の1程度しか分配金が出なくなってしまった、といった事例がざらにあります。

２０１４年に運用が始まったある投資信託は、投資額1万円（1万口）に対して月３００円分の分配金を出すとして話題になりました。確かに、１０００万円分の投資で月30万円、年間３６０万円の分配金は魅力的です（次ページ図参照）。

5年が経ち、この投資信託がどうなったかというと、運用が厳しかったのか、分配金も３００円から１００円になり、ついには40円にまで減りました。ただし、受け取った分配金を含めたトータルリターンはプラス11・36％なので、何も問題ないと思うかもしれません。

　ところが問題なのは、基準価額の下落です。1万円だったのが5年後には約2000円にまで下落しています。つまり、1000万円の投資元本であれば、200万円にまで減っていることになり、これは大きな損失です。

　高齢者の場合、投資をしなくても預貯金を取り崩しながら生活をするので、高分配ファンドに投資するのが、絶対に悪いとは言いません。ところが、値下がりリスクを理解しているのかどうかは、かなり気になります。実際に当社に相談に来られた

海外株式で運用する資産残高上位の人気高分配ファンド

設定日：2014/4/4〜2019/6/28

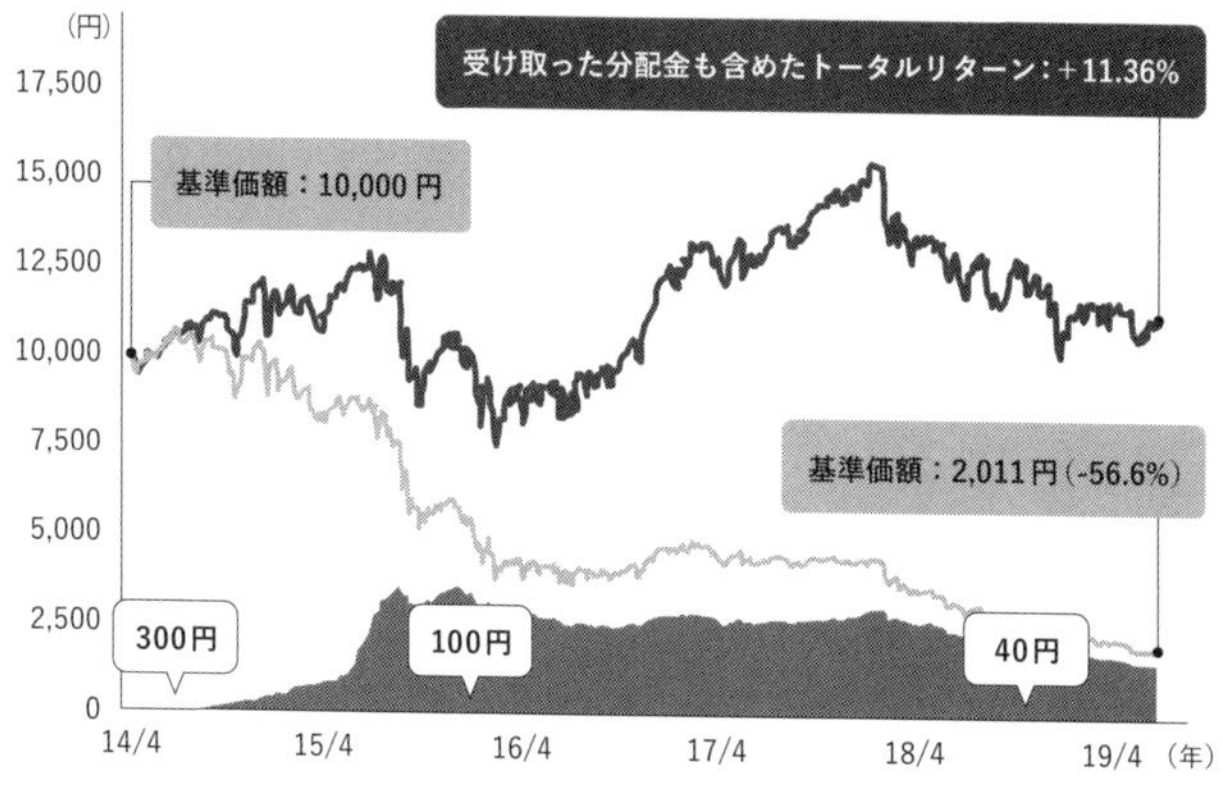

出所：バリューアドバイザーズ作成

目先の分配金を追い求めると……

方でも、投資元本が大きく目減りしているのには気付いておらず、分配金は毎月使ってしまって手元にお金が全然残っていないという方もいらっしゃいました。高額分配は元金が削れる可能性が高いという点は購入前に営業担当者が説明しているはずですが、どこまで丁寧に話しているのかは疑問が残ります。むしろ、「毎月分配金が手に入ります」「年金にプラスしてお小遣いがあるとうれしいですよね」といった誘い文句で買わせるのでしょうが、これでは本末転倒であることを覚えておいてください。

基準価格が1000～2000円台のファンドは分配金を出し過ぎてしまった、高額分配金ファンドのなれの果てと言えるでしょう。

金融機関の罠③　一見、お得なキャンペーン

証券会社などでは全社・支店でのキャンペーンがあり、営業担当者が特定の金融商品を勧めざるを得ないことがあります。ただし、その背景を知っていると、彼らの言葉を鵜呑みにしないですみます。

例えば、銀行による定期預金とＮＩＳＡを同時に始めると金利が優遇されるキャンペーンがあったとします。

いまや、預金金利は０・１％以下が当たり前の時代。それにもかかわらず定期預金の金利が３％というのは、驚きの水準です。

ところが広告をじっくり観察すると、「購入時手数料が０円の投信は対象外」と小さな文字でひと言。現在、ＮＩＳＡで扱う投資信託は購入時手数料のかからない「ノーロード投信」が多いのですが、それをど

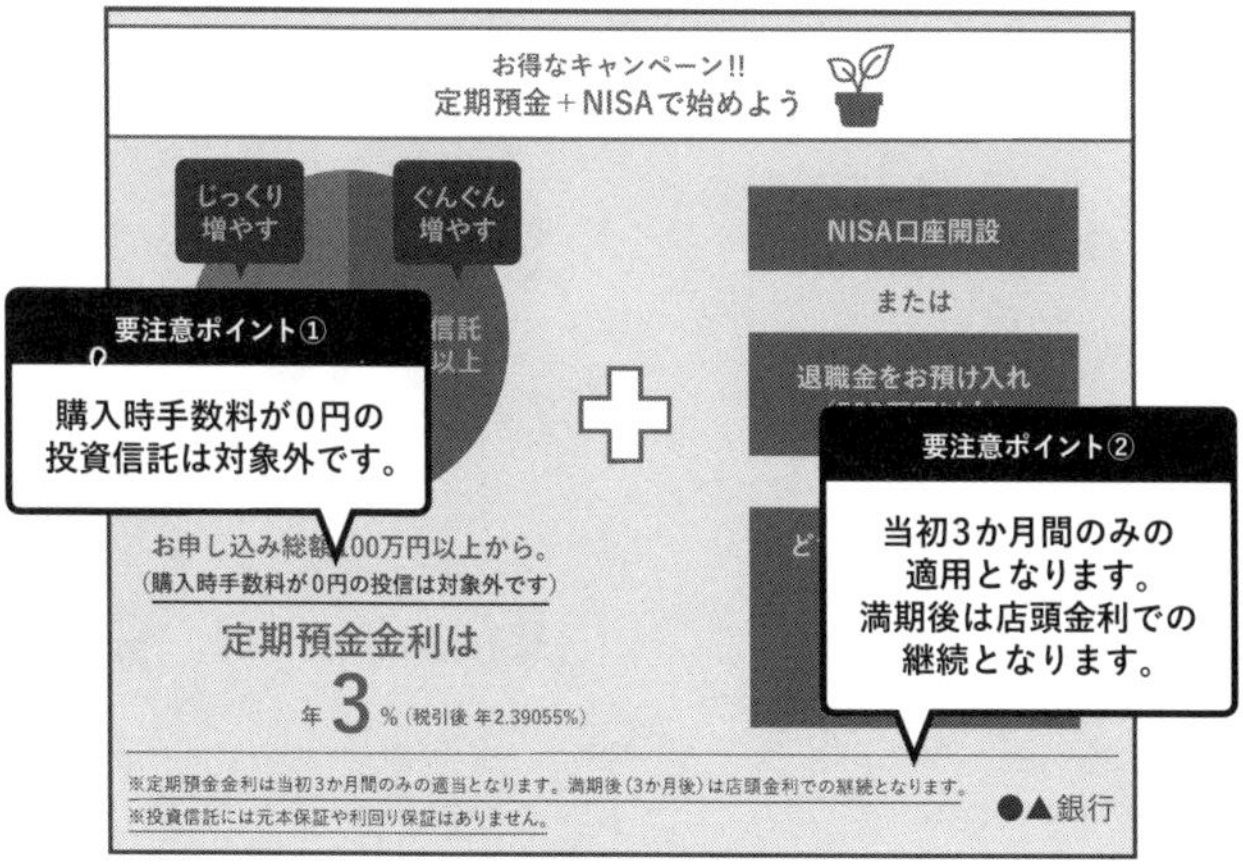
お得なキャンペーン!!
定期預金＋NISAで始めよう
じっくり増やす
ぐんぐん増やす
NISA口座開設
または
退職金をお預け入れ
要注意ポイント①
購入時手数料が0円の投資信託は対象外です。
要注意ポイント②
当初3か月間のみの適用となります。満期後は店頭金利での継続となります。
(購入時手数料が0円の投信は対象外です)
定期預金金利は
年3％(税引後 年2.39055%)
※定期預金金利は当初3か月間のみの適当となります。満期後(3か月後)は店頭金利での継続となります。
※投資信託には元本保証や利回り保証はありません。
●▲銀行

投資家に不利な内容が小さく記載されているので、
このようなキャンペーンには要注意

れだけ購入しても金利は優遇されないというのです。手数料収入がある投資信託を買わないと、金利優遇は適用されません。

また、「金利が優遇されるのは、当初3か月のみ」というのもよくあるパターンです。それ以降は店頭金利になります。預ける資金にもよりますが、3か月で得られる利息は限られ、果たしてこれはお得なキャンペーンでしょうか。投資信託の購入手数料を考えると、トータルでプラスにならない可能性もあります。

金融商品に限らず、こうした販促

1000万定期

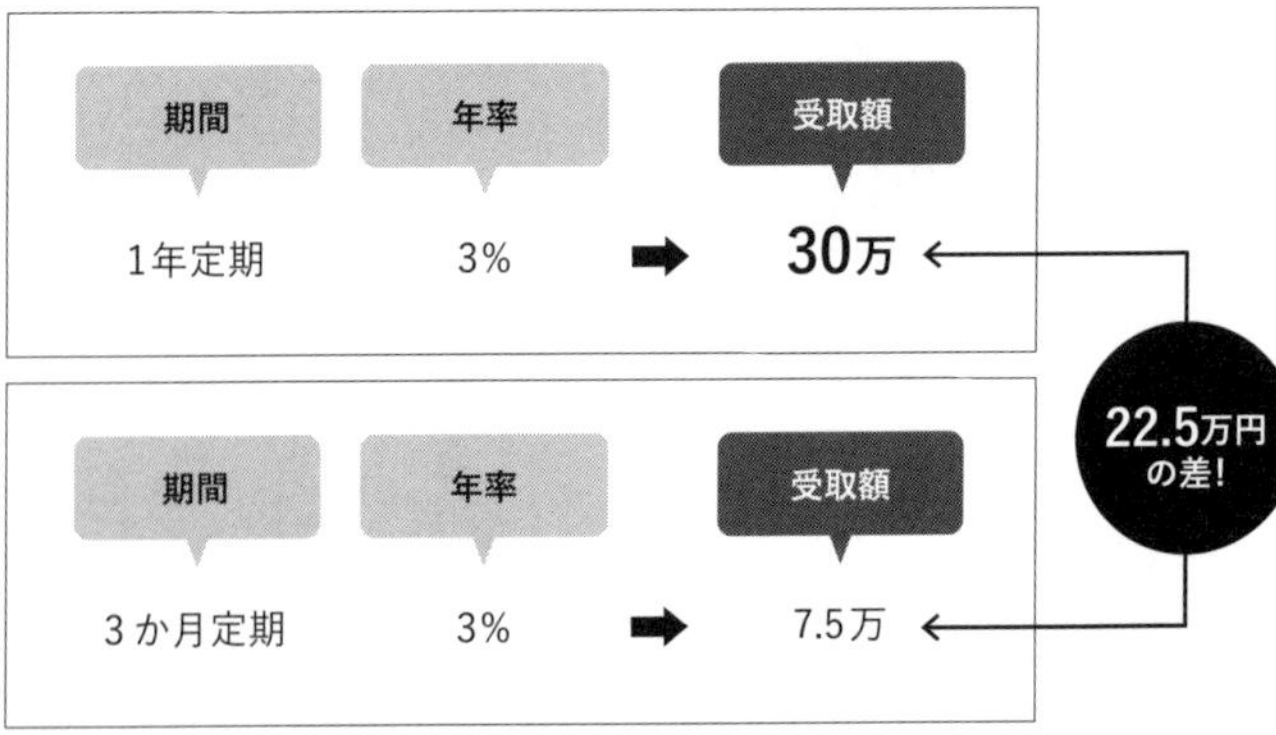

はさまざまな業種・業界でよく見られる手法です。みなさんも、普段の買い物ではしっかりとチェックするようですが、こと金融商品になると商品知識などに不安があるのか、誘い文句に乗ってしまうことが多いようです。「お得な話には裏がある」と肝に銘じておきましょう。

先述しましたが、証券会社も事業会社である限り利益を求めないといけません。あまりに高い目標設定を掲げ、各担当者には商品販売のノルマも課せられていることもあるでしょう。特定の時期、月末や特に四半期の末になると強くセールスを受けるのは、そのためです。もちろん、お客様の側に立った提案であればありがたいのですが、そうでないことも少なからずあります。

「なぜ、この担当者はこの商品を勧めてくるのか」を考えないといけませんが、商品知識がない場合は、気が付けば勧誘に乗っていることもあります。結果、資産運用の足を引っ張るような商品を買ってしまうと、目も当てられません。

投資を始める前にマネーリテラシーを身につけよう

ここまで、金融機関側のさまざまな内情を詳しくお話ししてきました。20～30代の若い時分であれば、投資で失敗しても挽回するチャンスがあります。ところが、50歳を超えると安定収入がある時間は残り少なく、投資の失敗はそのままセカンドライフのリスクにつながっていきます。

投資に失敗しないためには、最低限のマネーリテラシーが必要です。

例えば「月利10％の金融商品があります」と言われたとして、金融に対して正しい知識がないと、一攫千金とばかりに大事な資産を投じてしまうかもしれません。

ところが、世界株の過去の平均リターンは年間6～7％程度です。場合によっては平均リターンの数値の数倍上がる時もありますが、月利10％というのは年利で

100%を超えることになり、なかなか現実的ではありません。それを知っていれば、10%の月利は荒唐無稽だとわかり、そんな商品を買おうとは思いません。

日本では2011年に破産宣告をした「安愚楽牧場」、最近では2020年10月に出金ができなくなり全国で被害事例が相次いでいる「PGA（プランスゴールド）」のスキームなど、投資にまつわる詐欺事件も後を絶ちません。こうした「出資をしてもらった資金を運用し、その利益を出資者に配当金などで還元する」と謳っておきながら、実際は資産運用をしないで後から参加する出資者から集めたお金を「配当金」などと偽って渡す行為を「ポンジ・スキーム」と呼びます。

1920年代に実在したチャールズ・ポンジという詐欺師の名前が由来になっていますが、こうした事件は常にどこかで起きていて、セカンドライフに不安を抱えるシニア層をターゲットにしている案件もあるようです。

過去のトラブルや人をだますスキームを知っていると、こうした投資話に惑わされることは決してないでしょう。正しい知識は身を助けるのです。

提案が正しいかを見極め、そしてコア投資を実践するためにも理論武装できる知識を身につけましょう。詳しくは次章で説明します。

コラム 1 証券会社で働いて気付いたこと

先にも触れましたが、2013年に当社を創業する前、私は証券会社に勤めていました。良くも悪くも、ここでの経験が私をIFAになりたいという気持ちに駆り立てました。

証券会社も私たちIFAも営利企業です。同じように、当社もお客様から報酬をいただいています。

本来、企業の目的はお客様に価値ある提案をして、その満足や感謝の対価として利益を得ることです。ところが、繰り返しになりますが証券会社の現場では、目標を重視するあまりに、お客様が取引をする際に生じる手数料というノルマを、営業担当者たちが追いかけることが当たり前になっていて、それが違和感として積み重なっていきました。それが本章でも述べたような、手数料の高い外国債券を最初に販売し、半年たってから投資信託に乗り換えてもらうような営業手法です。お客様からしても、「最初から投資信託を買えばよかったのでは？」と思うでしょう。ただし、証券営業はノルマに追われ、上司に発破をかけられますから、それに従わざるを得ません。社内でもお客様の利益を追求し、喜んでいただこうという話よりは、「この商品はうちの支店で、目標販売額まで後〇億円残っているから、頑張って売り切ろう」ということばかりが話題になっていました。お客様の運用がうまくいったとしても営業担当の評価にはほとんど影響はありませんし、それよりも商品を頻繁に売買させて手数料を多く売り上げた社員が出世していく世界でした。

私自身は入社1年目に担当エリアをひたすら一軒一軒、飛び込み営業する毎日でした。門前払いされるなんて日常茶飯事で、これが嫌で辞める社員は少なくありません。そうしているうちに、「お宅、しつこいね」と言われつつも「また来ちゃいました」といったやり取りが生まれ、徐々に心を開いて口座も開いていただけるわけです。楽なことではないので達成感を味わうことはできました（苦笑）。2年目、3年目になると数字が割り当てられるようになり、ノルマをこなすために、「この商品は誰に勧めよう」といった戦略を考えるようになりました。社内の雰囲気はノルマを達成できない社員に対して叱責の声が常に聞こえるなど、お客様ではなく数字にばかり焦点が当たっており、「資産運用の素晴らしさを広めたい」という証券会社に入社した時の想いと現場での乖離があり、退職することを決意しました。

その後、私は金融機関から独立した立場でお客様本位の資産運用をサポートすることができるＩＦＡの存在を知り、衝撃を受けました。当社が業務委託契約を結んでいる楽天証券とは対等であり、楽天証券から○○を売りなさいと言われることは一切ありません。つまり、特定の商品を売らなければいけない、またそういったノルマもない、お客様一人ひとりに合ったご提案を目標のためではなく、お客様のためにできるシステムだと知り、ＩＦＡとして独立する決意をしました。現在ではお客様からの預かり資産残高に対して報酬を得るのが主な売上で、ノルマに縛られることもありません。価値の高い提案をすることでお喜びいただき、より多くの資産をお任せいただくことが利益につながるため、おのずと顧客の立場に立ったソリューションができます。まさに、私が求めていた資産運用のサポートの形でした。

起業しようと思ったきっかけは、成功するための資産運用手法を日本に広めたいという気持ちがあったからです。価値のある金融コンサルティング、成功するための運用を多くの方に届けることにより、興味を持つ方や実践する方が増えると、着実に家計金融資産が増えて豊かな暮らしが実現していきます。豊かな国民が増えると消費も旺盛になり景気は上がり、結果、日本が元気になっていくでしょう。こうしたこともあり、当社では「金融で日本（ニッポン）を元気に」というビジョンを掲げて、日々お客様に貢献すべく努力を重ねています。

証券会社時代のいろいろな経験が現在につながっていることに感謝しています。もちろん、証券会社のなかにもお客様目線で向き合える営業担当者はたくさんいて、業界の慣習を変えるべく尽力している人も存在します。私たちはそういった方々とアプローチが異なるだけで、多くの人に豊かになってほしいという願いは共通しています。金融機関も近年は旧来の構造から転換しようとする動きもあり、これからも切磋琢磨する関係でいたいと思います。

第2章

資産運用で成功するためのマネーリテラシー

豊かなセカンドライフには、一体いくら必要なのか？

資産運用で成功するためには、お金に対する正しい知識＝マネーリテラシーが必要になります。マネーリテラシーがない状態で資産運用を始めてしまうと、ギャンブルのような運用になってしまったり、自分でも気付かないほどのリスクを背負った運用をしてしまいかねません。資産運用においては、知識に勝る武器はありません。加えて、正しい知識をベースにした実践により、腕に磨きをかけていくのです。そこで本章では、運用で成功するためのマネーリテラシーについて取り上げます。ポイントは、自分の理想とするセカンドライフに必要な資金を把握したうえで、運用を始めることです。

それではセカンドライフを豊かに過ごすには、どれくらいの資金があればいいのでしょうか。人によって異なりますので、一概には言えませんし、さまざまなデータがありますが、公益財団法人生命保険文化センターによると、夫婦2人で老後生活を送るのに必要とされる最低日常生活費は、月額で平均22万1000円。ゆとりある生活を送るには同36万1000円かかるという調査結果が出ています。

一方、厚生年金に加入した夫が平均的な賃金で40年間就業し、その配偶者が40年間専業主婦であった夫婦に給付される「モデル年金」の額は、およそ月額23万8000円です。公的年金だけでは、ゆとりあるセカンドライフを送る金額にはまだまだ足りません。

さらに、このデータは全国の人が対象で、持ち家の人も賃貸物件に住む人もまとめた金額ですから、実際は東京で賃貸暮らしだと、さらにセカンドライフの生活費がかかるかもしれませんし、物価の安い地方でマイホームを持っていた場合はそれほど多くの生活費は必要ないでしょう。よって、どなたでも一律で「これだけ必要」と答えるのは難しく、私自身は「現役時代の約7〜8割」とアドバイスしています。つまり、現在の生活費が年間700万円かかっているとしたら、セカンドライフは年間約490〜560万円かかるとイメージしたほうが良いでしょう。

こういった話をすると、「現役時代の半分くらいのお金しか使わないのでは?」と尋ねられることもあります。ところが、これはまったくの誤解です。退職すると、1日のうち朝から晩まで自由になります。時間があるので、旅行に出かけたくなりますし、趣味に費やす時間も増えるケースが多いのです。人生一度きりなので、ご自身が楽しまれるための支出は積極的にしたほうが良いでしょう。

実際に私の70代後半のお客様は、「60代の元気なうちにさまざまなところに出掛けておけば良かった」と仰っていました。2016年には『LIFE SHIFT（ライフ・シフト）』（東洋経済新報社）の日本語版が出版され、人の寿命が延びて生き方や働き方が変わる「人生100年時代」の考えが示されましたが、みなさんの周りにも、元気に活動するアクティブ・シニアがたくさんいるのではないでしょうか。

ただし、元気で豊かに過ごすためには、車で言うならガソリンに相当するお金が必要です。自分自身の暮らしだけではなく、お孫さんが生まれたら遊びにつれていったりお小遣いをあげるのは、祖父母の楽しみだったりします。人生を楽しむための支出は私も大賛成です。しかし、それに比例して、必要なお金も増えることを忘れてはいけません。

また、日本では少子高齢化の影響を受けて、社会保障給付費は増大の一途をたどっています。1980年度は約25兆円だったのが、なんと、2000年度には78兆円を超え、2018年度には121兆円を記録することに。医療・介護分野での給付が多く、2025年には約150兆円に達する見込みです。これを背景に消費税は引き上げられ、社会保険料や介護保険料も右肩上がりを続けています。健康保険組合連合会は、大手企業の会社員などが入る健康保険組合で、2022年度にも医療・介護・年金を合わせた社会保険料率がはじめて30％（労使合計）を超えると推計しています。会社員は収入のうち15％を社会保障費として納めることになるのです。

住民税や所得税を加えると、総収入の40～50％近くを税負担しているようなもので、重い負担を強いられることになります。フィンランドなど「高福祉・高負担」で知られる北欧諸国に比べると、日本の消費税はまだ低水準といわれますが、日本は消費税以外にも収める税金がたくさんあり、トータルの税負担は重くなります。

こうした状況に伴い、国の制度も大きく変わりつつあるようです。

例えば公的年金は、財政破綻が何度も取り沙汰され、実際に受給額は徐々に減り始めています。受給開始年齢も段階的に引き上げられ、現状では1961年4月2日以降生まれの男性、１９６６年４月２日以降生まれの女性は、一律65歳からの支給になりました。

２０２０年５月には「年金改革法」が国会で成立し、制度の立て付けはさらに変わっています。

例えば、２０２２年４月からは在職老齢年金制度の見直しにより、60歳以上の年金受給者であっても働きながら年金を受け取りやすくなり、現在は60歳から70歳の間となっている年金の受給開始時期の選択肢は、60歳から75歳の間に拡大されます。

次いで５月からは、企業型確定拠出年金は65歳未満から70歳未満へ、ｉＤｅＣｏ（個人型確定拠出年金）は60歳未満から65歳未満へと、加入可能年齢が引き上げられることに。受給開始年齢も現行の60〜70歳までの間から、60〜75歳までの間で受給者が選べるというように、選択の幅が広がります。

なぜ、こういった変化があるのかというと、高齢期の就業機会の拡大が関係しています。今年の４月からは65歳までの雇用確保義務（２０２５年までの段階的措置）に加えて、70歳までの就業機会の確保を企業の努力義務とする「70歳定年法」が施行されました。日本の社会・経済の変化を考えると、今後は人口減で人手不足が進む一方で、国民の健康寿命は延び、中長期的には現役世代の減少が見込まれます。そのようななか、高齢者や女性の就業を推進する必要があるでしょう。

こういったトピックは、年齢を重ねても働きたい、セカンドライフの収入が心配な人にとって朗報でしょう。ただし、現状でも定年後に再雇用されると給与は減るケースがほとんどです。さらにうがった見方をすれば、今後はシニアも働かないと日本の年金は成り立たず、さらに厳しい状況になっていくことを示唆しているのかもしれません。

また、公的・私的年金の使い方が広がったのも良い話ですが、それだけで生活が成り立つわけでもなさそうです。やはり大事なのは、現役時代の収入や資産、定年後の収入を上手に運用すること。長く働き続けるのはもちろん結構ですし、それに合わせて公的年金や私的年金の受給年齢をコントロールするのも大切なことですが、投資も活用して、運用で収入を補完することを忘れてはなりません。これからの時代、預貯金に代わり資産運用をすることが当たり前になってくるでしょう。

日本と欧米の金融資産の推移

セカンドライフに備えて資産をつくる必要があるとわかりましたが、残念ながら多くの日本人は資産運用をあまり上手く活用しているとは言えません。それを示すのが、次ページのグラフです。

金融庁が2017年に公表した「平成28年事務年度金融レポート」によると、1995年からの20年間で、米国の家計金融資産は3・14倍になったのに対して、日本の家計金融資産は1・51倍の増加にとどまっていることがわかりました。仮に、当初1000万円の資産を保有していたとしたら、20年後には米国では3140万円になり、日本では1510万円にしかならなかったことを意味します。

なぜ、これだけの差がついたのでしょうか。日本はバブル崩壊以降、給与は増えず、所得水準の違いも原因の1つかもしれませんが、それより大きいのは、資産運用をしっかりと活用したかどうかです。

まず、2016年における米国では家計金融資産のうち、現預金は13・7％にしかすぎず、対して日本は現預金が51・7％と過半以上を占め、その後2020年のデータでも、米国の現預金保有率は13・7％と変わりませんが、日本は54・2％と、日本では4年間で割合が増えています。

一方、株式と投資信託の割合は

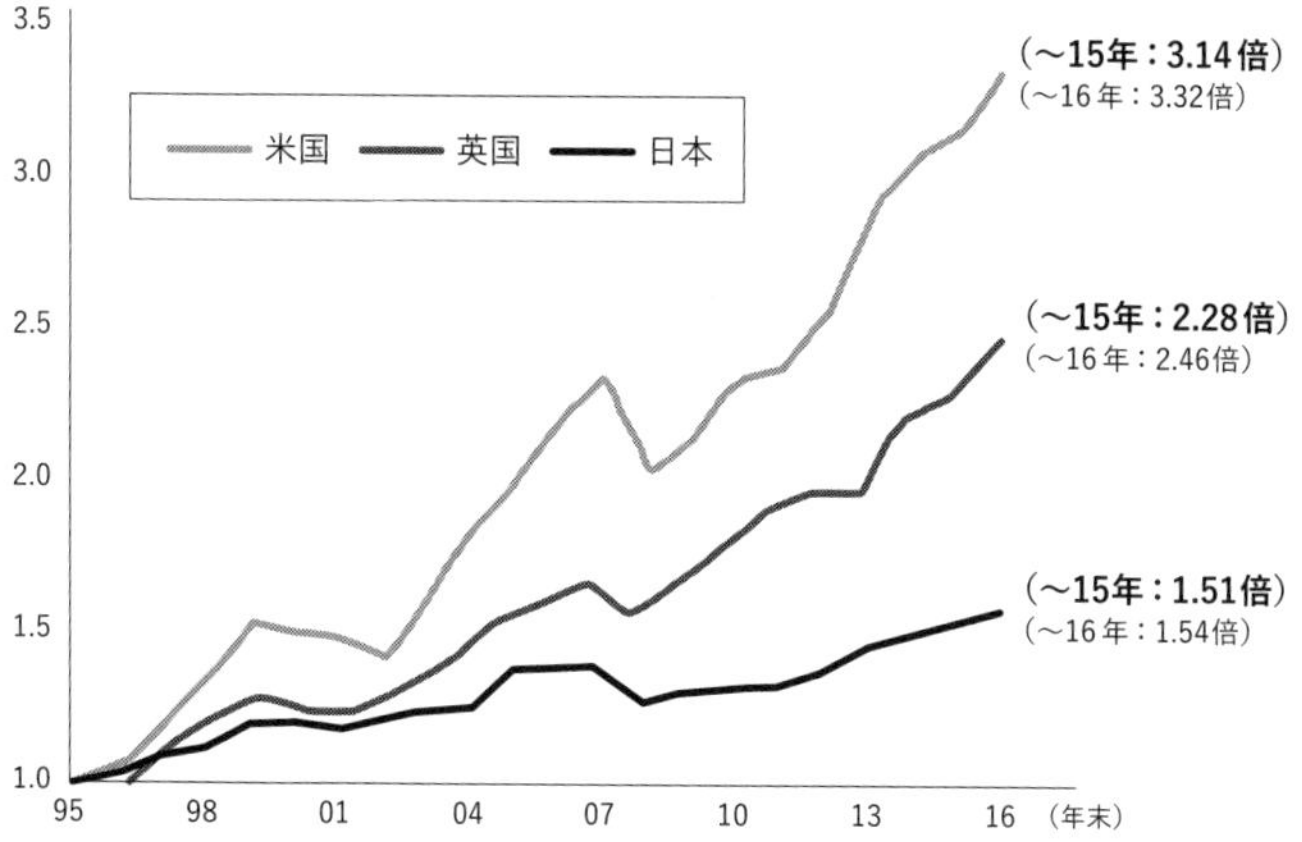

出所：日本銀行、FRB、BOEより金融庁（95年＝1とする、英国のみ97年＝1）

先進国の家計金融資産の推移

2016年時点の米国で46・2%、日本は18・6%でした。なんと、米国は金融資産の半分近くを運用資産として持っているのに、日本人は全体の5分の1以下だということです。

この結果、起きたのが金融資産の伸びによる違いです。日本ではほとんど増えない預貯金にお金を置いているので資産は増えませんが、米国ではリターンが期待できる株式や投資信託を保有しているので、これだけの伸びが実現したのです。それもそのはず、2001年から2020年の20年間で日経平均株価の上昇率は約2倍ですが、NYダウは約3倍と、大きく右肩上がりに推移しています。もっと長い期間で見ても米国株は長期的に上がり続けています。こうした運用環境ですから、多くの米国人が株式や投資信託に興味を持ち、運用を始めるのは自然のことでしょう。

日本は、バブル期の定期預金の金利は約6%とかなりの高水準だったという過去があり、あえて資産運用に資金を回さずに現預金のままの人が多いと思われます。

しかし、現在の定期預金金利はみなさんもご存じの通り、ほとんど利息が付きません。具体的な数値でお伝えすると、大手メガバンクで0・002%（2021年3月時点）1000万円預けても利息は200円です。それでは、せっかくのチャンスを棒に振っているのと同じことです。

また、資産運用をするといっても、いまだに1989年に付けたバブル最高値を超えていない、日本市場の株や投資信託を買ったところで、今後もリターンはそれほど多く望めないのではないでしょうか。かつ、前章で述べたように手数料目当てで頻繁に売り買いをさせられたとなれば、資産は増えようがありません。

この20年間で損をした人もたくさんいて、「株はやるな」と親から念を押された人もいるのではないでしょうか。卵が先か鶏が先かの話になりますが、日本はお金をためてばかりだったので経済が回らず、また、間違った資産運用の意識が日本に大きな負の遺産をもたらしたとも言えるかもしれません。一方で、適切なリスクを取って運用を行ってきた米国は個人の生活はもちろん、企業・社会の成長につながってきたとも言えます。

今から資産運用をしなければならない理由とは？

ここからわかるのは、私たち日本人も預貯金に頼るのではなく、株や投資信託といった金融商品で資産運用する必要があるということです。そうでないと豊かなセカンドライフを過ごすことは、かなり厳しいと思われます。その理由を3つにまとめました。

資産運用をしなければならない理由①

預貯金・保険はお金を増やす手段ではなくなった

先ほど述べたように、かつて預貯金の金利は高く、元本保証のノーリスクで安全に資産を増やすことができました。郵便局の定期預金なら10年預けておくと倍になったそうです。ところが今や、メガバンクの普通預金の金利は0・001％、定期預金も0・002％と、超低金利水準が続いています。これに比べるとネット系の銀行の金利水準は高くなりますが、それでもお金が増えるという感覚ではありません。もう一度、お伝えすると0・002％では1000万円預けても200円の利息だけです。一度でもATMを時間外で使うと手数料でなくなってしまう金額です。

「今後、日本経済が復活して景気が良くなったら金利も上がるのでは？」との声もありそうですが、それは一体いつになるかわかりません。待ち続けることはできるでしょうか。むしろ、日本は少子高齢化で経済が縮小していくので、劇的な復活からの金利上昇は期待しないほうがよさそうです。

2020年のコロナ禍以降は景気対策として日銀は金融緩和政策を実施し、市中への資金供給量も増やしています。銀行も融資しないと景気回復につながりませんから、当面は低金利政策が続くでしょう。

保険もかつては、バブル期後半～平成初期に販売された、保険会社が生命保険などを運用する際に約束する予定利率（運用利率）の高い、「お宝保険」がありました。今も契約中の方は、解約しないで持ち続けることをお勧めします。ところが、国内外の景気低迷に伴い予定利率は下がるばかりで、バブル期は高くて6％程度だったのが、現在は1％を割っていたり、金利が低すぎて販売停止になっているものもあります。

生命保険や医療保険などで普段の生活や万が一の際のリスクヘッジをすることは大切ですが、お金を増やすという目的ですと、保険だけでは難しい状況になっています。

資産運用をしなければならない理由②　長期的なインフレ

日常生活では100円ショップや、ファストフードやファストファッションなどが一般化したことで、安くモノやサービスを買うことができ、「日本は長引くデフレで物価は上がっていない」という声もありますが、長期的に物価は上がっています。

例えば、飲食店でも、2020年5月に大手うどんチェーンの「はなまるうどん」は、かけうどんの値段を70円値上げすることを発表しました。それまで、小サイズは150円だったのが220円になったのがいい例です。人件費や材料費の高騰を理由に値上がりに踏み切る企業は後を絶たず、近年は500ml(ミリリットル)のジュースが450mlになるなど、値段は据え置くものの内容量を減らす「ステルス値上げ」も散見されます。このようなお話をすると、お客様から「バターやチーズなんかも量が減っているのよ」という情報もいただいて、私自身もそんな商品もステルス値上げされているのかと勉強になることも多いです。

他には大学の学費も挙げられます。1975年から2014年にかけて、国立大学の授業料は3万6000円から53万5800円になり、私立大学の授業料も同じ期間で、平均18万2677円から86万4384円になりました。はがきも1972年から2019年にかけて10円から63円に上がっています。ちなみに、ディズニーランドがオープンした1983年時のワンデーパスポートの価格は3900円でしたが、現在は最大で8700円です。

こうして挙げていくと値上げの例はキリがありません。長期的にみると物価は上がっていっているのです。1999年にゼロ金利政策が導入される以前は、物価が上がっても金利がそれ以上付いていたので、何も気にしないですみました。

ところが、今は預貯金の金利ではほとんど利息が付かないので、そのままにしていると、現金の価値は下がっていきます。仮に年率２％のインフレなら10年間で単純（単利）に計算して20％。１００万円の車があるとすると、価値は10年間で２割上がり、１２０万円になってしまいます。今１００万円あるけど、10年後に車を買おうと考えて預金していると、年間20円ずつしか利息が付かないので、10年で２００円ですから、いざ買おうとすると車は１２０万円なのに、手元のお金は１００万２００円しかなく、車を買えない事態が起きてしまっているのです。１００万円というお金の数字は変わらないですが、

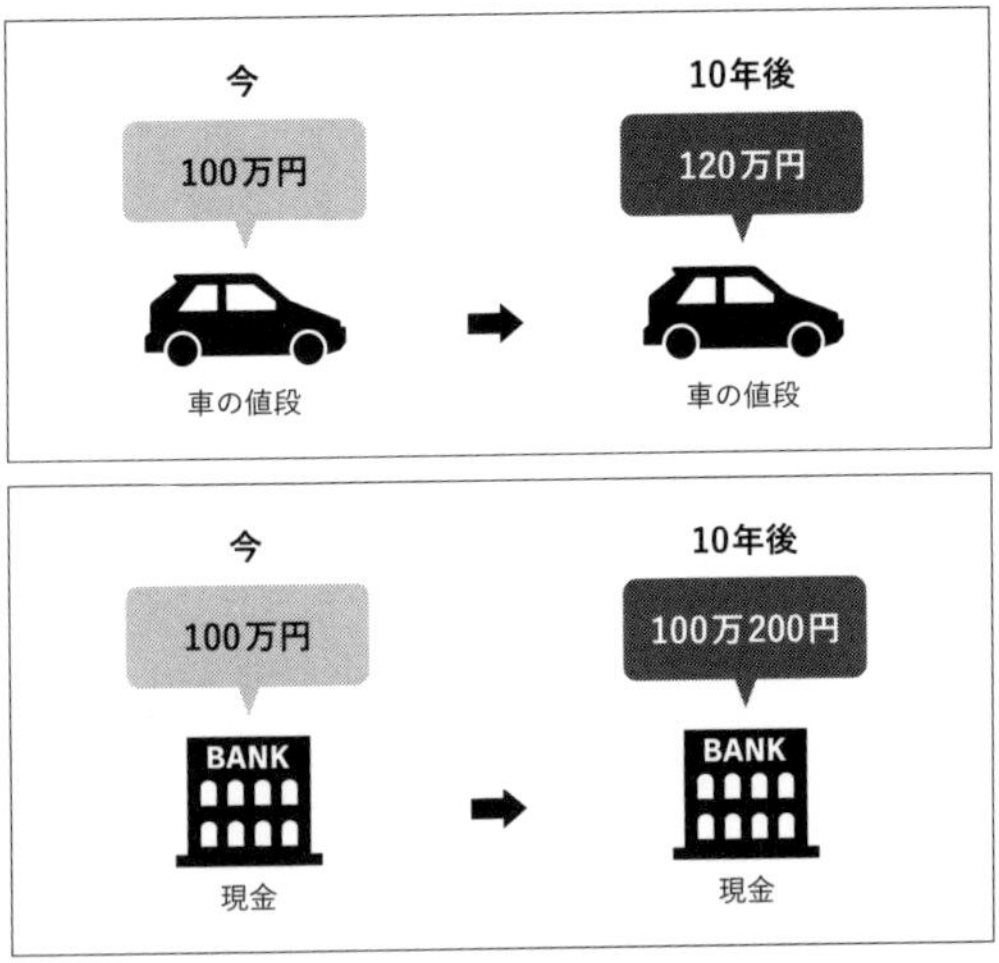

インフレにより、現金の価値が目減りする

インフレについて

100万円で買えるものやサービスは減ってしまうのです。

スーパーの商品などを例に、価格が上昇しているニュースを目にされたことはないでしょうか。目先のことにとらわれてばかりだと、まさか日本がインフレだと気付きにくいかもしれません。このような日本経済が低成長のなかでも長期的に物価は上昇していますから、お金が目減りする預貯金ではなく、インフレに伴い価格を上げやすい株式や投資信託をはじめとする金融商品で資産運用を行うことが大切です。なかなか実現できませんが、日銀も2％の物価上昇を目指すと公言していますから、これに備えることが肝心でしょう。反対に運用をしないと、みなさんの現金が2％ずつ目減りすると思ってください。

次のような兆しもあります。コロナ禍以降、日経平均株価は2020年3月に底を打ち、その後は上昇を続けて、2021年2月には約30年ぶりに3万円台に到達しました。NYダウも同様で、過去最高値を何度も更新しています。金価格も上昇し、暗号資産のビットコインも2021年2月に過去最高の1ビットコインあたり

600万円を超え、国内では不動産価格も堅調に推移しました。

このような現物資産にお金が流れてくる動きは、株式や投資信託も同様で、ワクチンの接種状況などアフターコロナに対する期待感により、価格を押し上げている面はあります。

しかし、本質的に現物資産の値段が上がっている理由としては、先ほど述べたように、コロナ禍で資金供給を増やした結果、お金の価値が相対的に下がり、不動産や株式といったインフレに強い資産に資金が流れている側面が強いのではないでしょうか。

つまり、先見の明がある人はすでに現金の価値が下落することを予見していて、他の資産を買っています。こうしたことからも、現金を妄信する時代は終わりを迎えていることがわかります。預貯金以外のモノに形を変えて運用しないといけない時を迎えているのです。

資産運用をしなければならない理由③

人生100年時代で必要資金がさらに増える

日本人の寿命は延びるばかりで、人生100年時代も夢ではなさそうです。ただし、長く生きれば生きるほどセカンドライフに必要な生活資金が増えることも忘れてはなりません。

2019年に金融庁の金融審議会がまとめた報告書が発端になった「老後資金2000万円問題」も気になるトピックです。ここでは、収入を年金のみに頼る無職世帯のモデルケースでは、20～30年間のセカンドライフを生きるためには、約2000万円の資金が別途必要になると示されていて、当時メディアに取り上げられたことを覚えている方も多いはずです。先ほど挙げたように、ゆとりのある暮らしをするには公的年金だけでは足りません。医療の発展や健康志向の高まりで健康でいられる時間が長くなり、寿命自体も延びていくと、支出の機会は増えるばかり。人生を楽しむための資金も増えるうえに、医療や介護が必要になると医療費や介護費用がかかり、有料老人ホームに入るなど快適な暮らしを望むなら、さらにお金は必要になります。人によっては、2000万円どころではないでしょう。

先のデータに照らし合わせると、ゆとりある暮らしに必要な金額である月36万円に対して、公的年金は月23万円。その差は13万円ですから、年間だと156万円です。そうなると、定年退職を迎えた時点で2000万円の現預金があったとしても、13年ももちません。仮に60歳定年ならまだ73歳、65歳定年でも78歳です。周りを見渡すと、いかがでしょうか。この年代でも元気に過ごしている方はたくさんいます。

2000万円を準備するだけでは、ゆとりのあるセカンドライフは期待できないのです。読者のみなさんもリアルな生活をイメージし、「必要最低限の暮らしにはこれだけ」「年に2回は旅行に行きたい」「親戚づきあいにこれくらい」など支出を見つめ直し、どれくらいの金額が必要なのか算出されるようお勧めします。

なお、セカンドライフはいつまでの期間をシミュレーションする必要があるのでしょうか。ご存じの通り、日本人の寿命は延び続けていて、厚生労働省の調べによると、2019年時点で男性が約81歳、女性が約87歳で、ともに過去最高を更新しました。ただし、これはあくまで平均にしかすぎず、もっと早く亡くなる人もいれば、長生きする人もたくさんいます。平均寿命に合わせて生活資金を計算すると、実際は足りないことになる恐れがあるのです。プラス5〜10年は見積もって計算したほうが安心ではないでしょうか。

次のようなデータもあります。2019年の「簡易余命表」（厚生労働省）によると、一般的な定年年齢である60歳時点での平均余命はおおよそ男性が24年、女性は29年で、平均寿命と同じく徐々に延びる傾向になっています。そうであれば、男女ともに90歳近くまで生きるのは当たり前のようになっていて、60歳は長い人生の通過点に過ぎません。よって人生の資金計画も、長いスパンで考えたほうがよさそうです。

つまり、セカンドライフには

「現役時代の生活費の約8割×退職時〜平均余命＋5〜10年－年金の額」

が必要です。

先ほどの例では現役時代の生活費が700万円なら560万円が年間必要であり、退職が60歳とするなら95歳までの35年間＝560万×35年間で1億9600万円。ここから年金を引いた額を用意する必要があります。平均年金額がもらえたとして6900万円。つまり、1億2700万円も用意しなければなりません。結構な金額だと思われませんか？　セカンドライフの資金を年金だけに頼ることは難しそうです。

セカンドライフに必要な金額

現役時代の生活費の約8割 × （退職時～平均余命＋5～10年） － 年金の額

（例）

560万円（700万円×80%） × 35年（退職60歳、寿命95歳） － 6,900万円 年金の額

＝ 1億2,700万円 ＜ セカンドライフに必要な金額

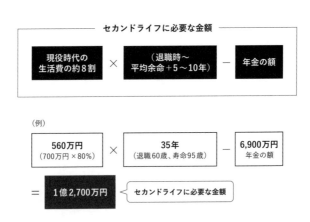

資産運用の基礎知識について学ぼう

これから、みなさんに知っておいてほしいお金の基礎知識をお伝えしていきます。今まで預貯金や保険しかしてこなかった人にとって、株式投資などの資産運用は危険に映るかもしれません。ただし、正しい意味や考え方を理解することで、誤解だとわかることもたくさんあります。

長期運用と短期運用の違いについて知っておきましょう

まず、基礎知識として「長期運用」「短期運用」の違いを理解しておきましょう。

89ページの図は、国内株式、外国株式、国内債券、外国債券を4分の1ずつ持った場合の、1年ごとのリターンです。0%を境に棒グラフが上に伸びるほど年間のリターンが高く、0％よりも下がると年間の損失が多かったことを意味します。

例えば、２００２年はＩＴバブルの崩壊、２００８年はリーマンショックの影響を受け、単年のパフォーマンスはマイナス30％で終わりました。仮にこれらの年に運用を始めていたとすると資産は大きく減り、そのショックで運用をやめていたかもしれません。

ところが、長期の視点に立つと話は変わります。同じポートフォリオ（資産配分）で2年間運用すると、同じリーマンショックに直面するタイミング（２００８年1月～２０１０年1月）であってもマイナス10％に抑えることができました。２００８年単年のパフォーマンスは悪くても、前年のプラス分が補完したわけです。

さらに運用期間を延ばすとどうでしょうか。同じくリーマンショックを含む期間でも、３年間の運用ならマイナスは10％を割り、５年間になると微々たるマイナス、７年間の場合は、ついにプラスのパフォーマンスに転じました。以降も同様で、１９９９年から２００９年の10年間の運用なら、約５％の成績を収めています。

ここからわかるのは、短期間の運用ならパフォーマンスは上下バラバラになります

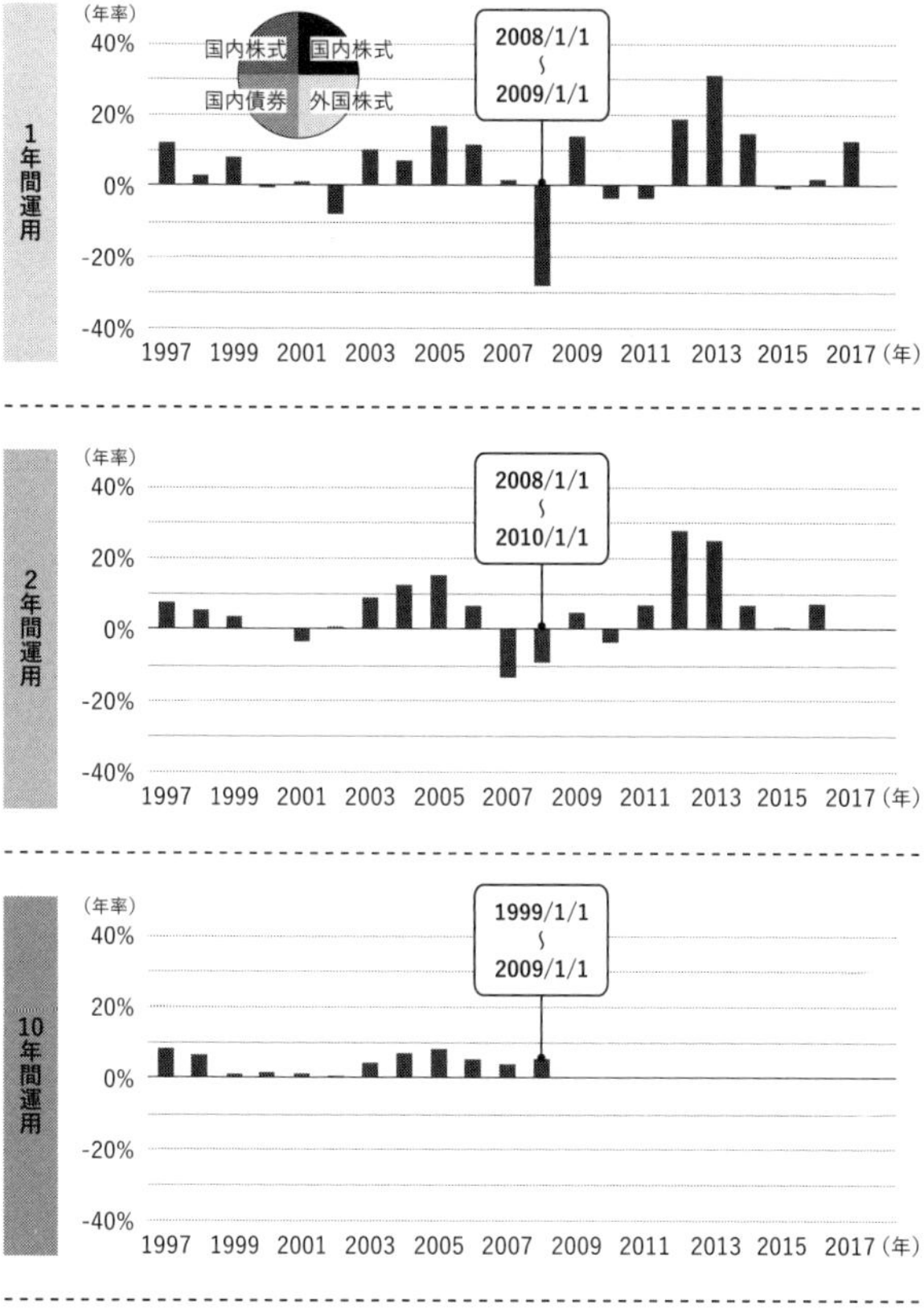

条件：国内債券、国内株式、外国債券、外国株式に4分の1ずつ均等投資した場合の運用期間別平均利回り
※本シミュレーションは、お客様への情報提供を主目的として作成されたものであり、各商品の売買等を勧誘するものではありません。
※本シミュレーションはいずれも過去の実績を基にした参考値であり、将来の成果を示唆・保証するものではありません。

出所：GPIF、企業年金連合会の開示データを基にバリューアドバイザーズ作成

長期で運用する意義

が、期間が延びるに従い、もともと持っている期待リターンの値に収まっていくということです。この事例の、国内株式は5・6％、外国株式7・2％、国内債券0・7％、外国債券2・6％の期待リターンです。それぞれ4分の1ずつの資産を保有しているため、年間約4％の利回りが期待できます。10年間の運用であれば、一時期を除いて期待値に近い結果が出ています。そうでない期間であってもプラスのパフォーマンスですから、運用的には失敗ではありません。資産運用には結果が上下に振れるリスクがありますが、その意味を理解したうえで、株や債券に分散投資をすると、こうした形でリターンがもたらされます。

単利と複利の違いを知っておく

資産運用をする際には、単利と複利の違いも理解しておきましょう。なかでも複利運用は運用の基本で、アインシュタインも「複利は人類による最大の発明だ」という言葉を残しています。

単利とは、運用で得た配当や利益を運用元本に組み入れず、最初の元本部分に対してのみ利息が付くことです。例えば、元本１０００万円を利率３％で単利運用した場合、毎年の利息は30万円で、10年後は元本と利息の合計は１３００万円になります。債券がまさに、こういった仕組みです。

一方、複利は元本とその元本に付く利息の両方に、新たな利息が付きます。先ほどの例になぞらえるなら、１０００万円を３％で複利運用をすると、１年後に元本は１０３０万円になり、２年後は１０３０万円に対して３％の利息が付くことになり、実質的な金利は上がることに。10年後には、１３４３・９万円に！

コア（ゴールベース）	
複利	単利
元本を大きくする	元本を使って金利を得る
	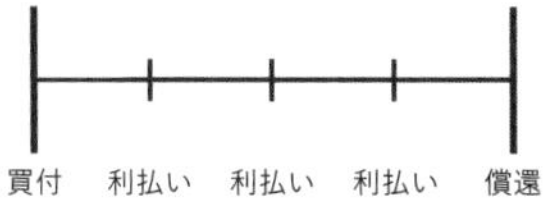
投資信託の組み合わせ	固定利払いの債券
株式型、債券型、REIT 等の投資信託 分配型の投資信託は再投資する場合に限る	国債、地方債、普通社債、 劣後債（優良企業に限る）、外国債券

複利と単利とは

単利運用に比べると、約43・9万円の差が付きました。

３％の運用でもこれだけの利益を上げられるのですから、５％、７％になるとなおさらで、時間をかければかけるほどパフォーマンスの差は広がるばかり。ですから、みなさんもなるべく時間をかけ、複利の運用を心がけることです。今からでも決して遅くはありません。

資産運用のリスクとは？

最後に「リスク」という単語についてです。例えば、「株式投資や投資信託は元本保証の金融商品ではなくリスクがある」という言葉や、「資産運用はハイリスク・ハイリターン」といったことを耳にした方も多いのではないでしょうか。

ところがリスクとは本来、金融業界では危険という意味ではなく「振れ幅」を意味する言葉です。株式や債券などの資産ごとに、数値が定められたものがあり、それを指標としていきます。

仮に、期待リターンが3・9%、要はそれだけの利益が期待できる株や債券の組み合わせがあるとします。この商品の推計リスクが8・7%だとすれば、それは資金を失う確率が8・7%というわけではなく、1年間で上下に振れる幅が8・7%ある、つまり、プラス方向にも8・7%動く可能性があり、マイナス方向にも8・7%動く可能性があることを示しています。

さらに、先ほどお話しした通り、資産運用は1年などの短期間で考えると上下の振れ幅は大きくなります

資産	期待リターン	リスク
ポートフォリオA	**3.9%**	**8.7%**

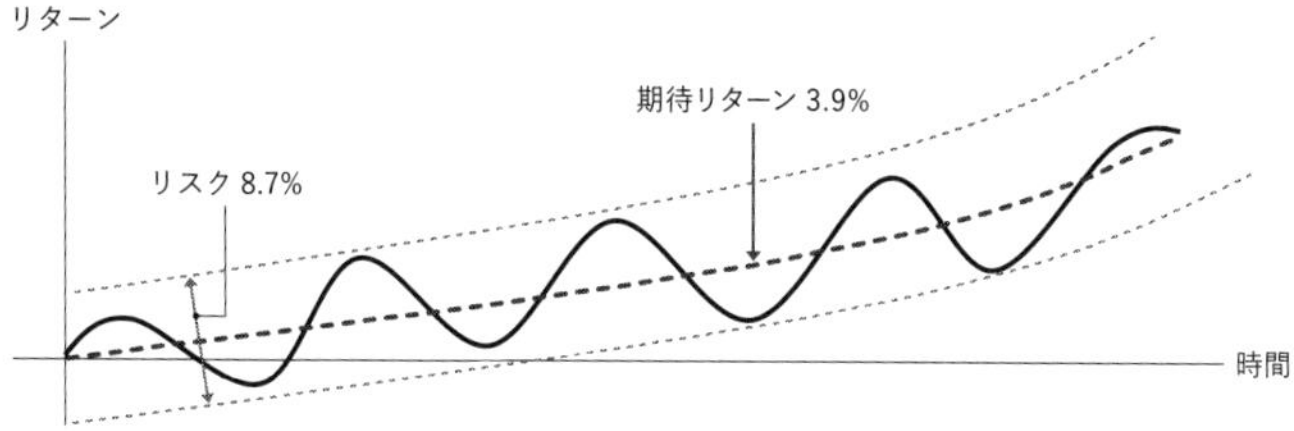

出所：バリューアドバイザーズ作成

期待リターン・リスクの確認

が、運用期間が長くなればなるほど期待リターンに近づいていく特性も持ち合わせています。これは単純なことで、短い期間だとその間にリーマンショックのような出来事が起きると資産は大きく目減りして、運用成績はマイナスで終わることもあるでしょう。ところがそうではなく、長く運用していると「〇〇ショック」のようなネガティブな出来事に遭遇することはありますが、その後に時間をかけてリカバリーすることもできるので、パフォーマンスは期待リターンの値に収れんしていくのです。

サイコロも同様で、本来であれば1から6の目が出る確率は6分の1。ところが、10回振っただけでは5の目が5回出るなど、出目に偏りが出てしまいます。しかし、さらに回数を増やしていき、1万回も振ると1から6の目が、それぞれ6分の1の確率になっていきます。このように、試す回数が多くなればなるほど理論値との誤差が縮んでいくことを「大数の法則」と呼びますが、運用でも似たようなことが言えるのです。

代表的な運用対象① 株式とは？

ここからは、代表的な運用対象の特徴について解説します。まずは、株式です。

株式投資とはご存じの通り、東京証券取引所（東証）などに上場している個別株を運用して、売却益（値上がり益）や配当を狙う運用手法です。銘柄によっては株主に対するお礼として自社製品などを贈呈する株主優待制度を実施することもあります。

２０２１年６月時点で、上場会社数は約３８００社で、投資家はこのなかから利益が期待できそうな銘柄を選び、運用をするわけです。また、日本のみならず、米国など海外の企業も選べます。

株式の最大のメリットは、大きな値上がり益（リターン）を期待できること、これに尽きます。銘柄によっては2倍、３倍どころか、なかには「テンバガー」と呼ばれる10倍以上も株価を上げるものもあり、これぞ個別株投資の醍醐味と言えるでしょう。

また、株価の成長は企業の売上と利益の成長であり、要は企業がしっかりと大きくなっていけば株価も上昇していきます。売上だけが大きくなっており、利益の成長が伴っていない場合は、安売りなどで無理やり売上を伸ばしている可能性もあり、あくまで売上と利益の両輪で成長している会社が長期的に株価も伸びていく傾向があります。

下のグラフは、全世界株式（円ベース）とGDPを示したグラフです。両者ともに右肩上がりを描いていますが、それは世界的に人口が増

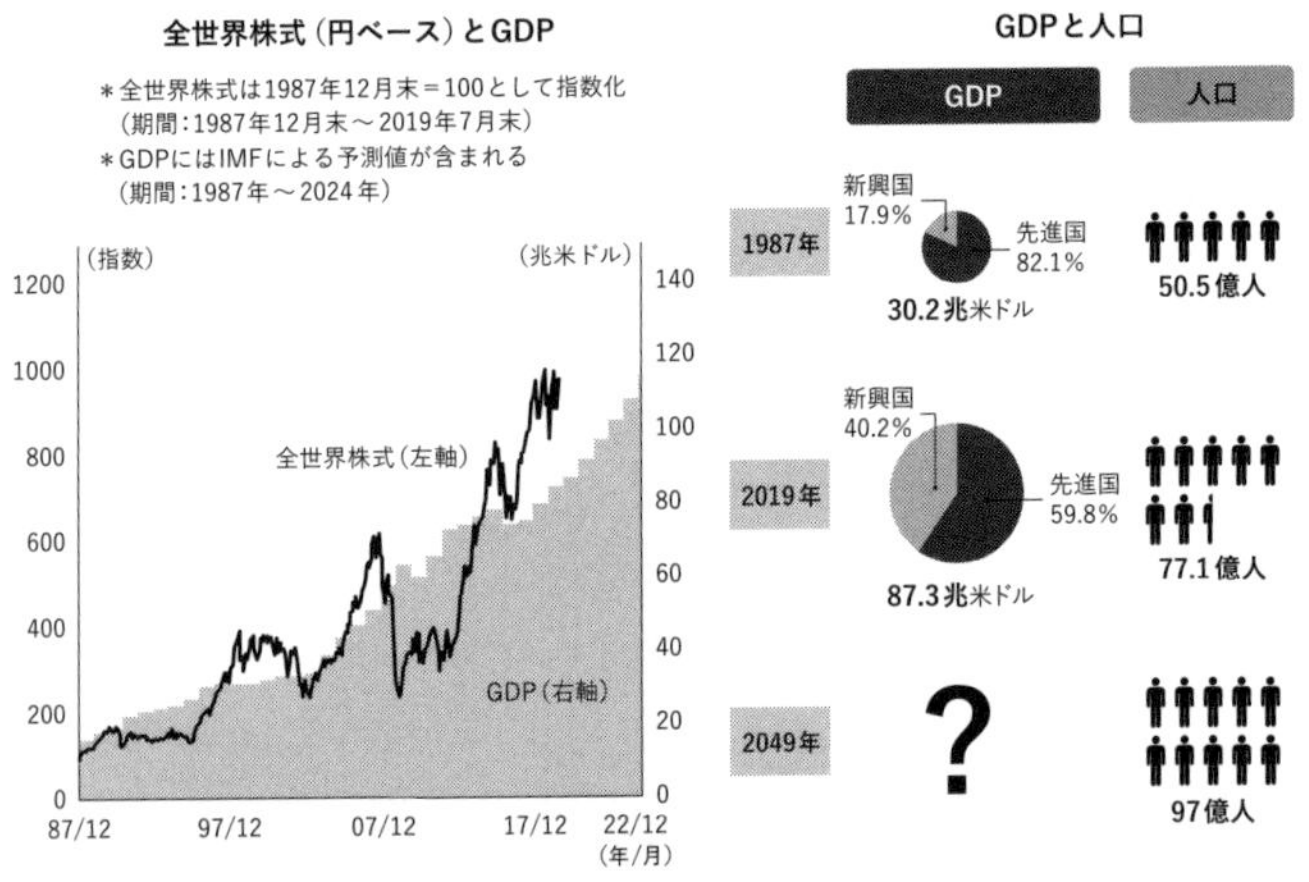

全世界株式＝MSCI ACWI Index（グロストータルリターン、米ドル建てを円換算）
上記データは過去のものであり、将来の運用成果または投資収益を示唆あるいは保証するものではありません。

出所：キャピタル世界株式資料よりバリューアドバイザーズ作成

え、それによりＧＤＰも増えているからです。例えば、１９８７年時点の人口はおよそ50億人で、ＧＤＰは30兆ドルでした。ところが２０１９年になると世界の人口は77・1億人を超え、ＧＤＰも87兆円超の規模にまで拡大。これに伴い、全世界株式の指数も上昇しました。

すなわち、地球上に人が増え、その人たちが食事をしたり服を買ったり、大人になればマイホームを買って家財も揃えるなど、消費が増えれば増えるほど売上は増加し、企業は成長して、ＧＤＰは増えて、それは株価にも反映されます。今後も世界の人口は増え、ＧＤＰも高まる傾向にあるので、株価も短期的には上下しながらも、長期的には伸びていくと考えられます。

このように、株式には将来的なポテンシャルがあり、魅力的であることは紛れもない事実ですが、多くの選択肢のなかから上昇銘柄を見つけるのは簡単ではありません。また、個別株の売買単位（単元株数）は基本的に１００株ですが、株価が高い銘柄だと最低購入金額が１００万円を超えることもあり、保有できる銘柄数にも限りがあるのです。売買するタイミングや資金量により、大きく成功する人もいれば、そうでない人も必ず現れます。趣味程度で、好きな会社や親しみのある会社の株を100株くらい持って株主優待を手に入れるくらいなら問題ありませんが、個別株で本格的に儲けたいとなると、高度な知識や売買テクニックが求められ、実際に成功するのは、ほんの一握りの投資家だけです。

また、個別株を持つと毎日の値動きも気になりますから、それをずっとウォッチしながら、自分なりに導いたルール通りに売買するのも、労力と精神力が求められます。若い時分ならまだしも、ミドル世代に向いているとは言えません。

代表的な運用対象②　債券とは？

債券とは国や企業などが資金調達をするために発行する、借用書のようなものです。種類は大きく3つに分けられます。

1つ目は、国や地方自治体が発行する「公社債」です。代表的なのは国が発行する国債で、流通量が多く売買しやすく、日本で最も安心な運用先と言えます。他には、政府関係機関や特殊法人などが発行する政府関係機関債、都道府県などの地方自治体が発行する地方債があります。

2つ目は、金融機関や一般企業が発行する「社債」です。社債も有名で、個人が購入できるものもあります。企業からすると銀行より低い金利で資金を調達でき、投資家はあくまでも企業にお金を貸しているだけなので、経営に干渉されることもありません。こうしたメリットを背景に発行する企業は後を絶ちません。

３つ目は「外国債券（外債）」です。そのなかには、外国国債や外国政府機関など、中央政府が発行するソブリン債、世界銀行など世界の公的機関が発行する国際機関債、海外の事業会社などが発行する社債があり、その多くは外貨建てになっています。

債券の保有期間中は定期的に定められた利子を受け取ることができ、満期時（償還時）は元本（額面金額）が戻ってくるのが、基本的な仕組みです。利率や満期は発行時に決められますが、一般的に発行体のリスクが高いほど利率は高くなり、安心・

例）A社の債券

～3年満期利息3%、額面1,000万円の場合～

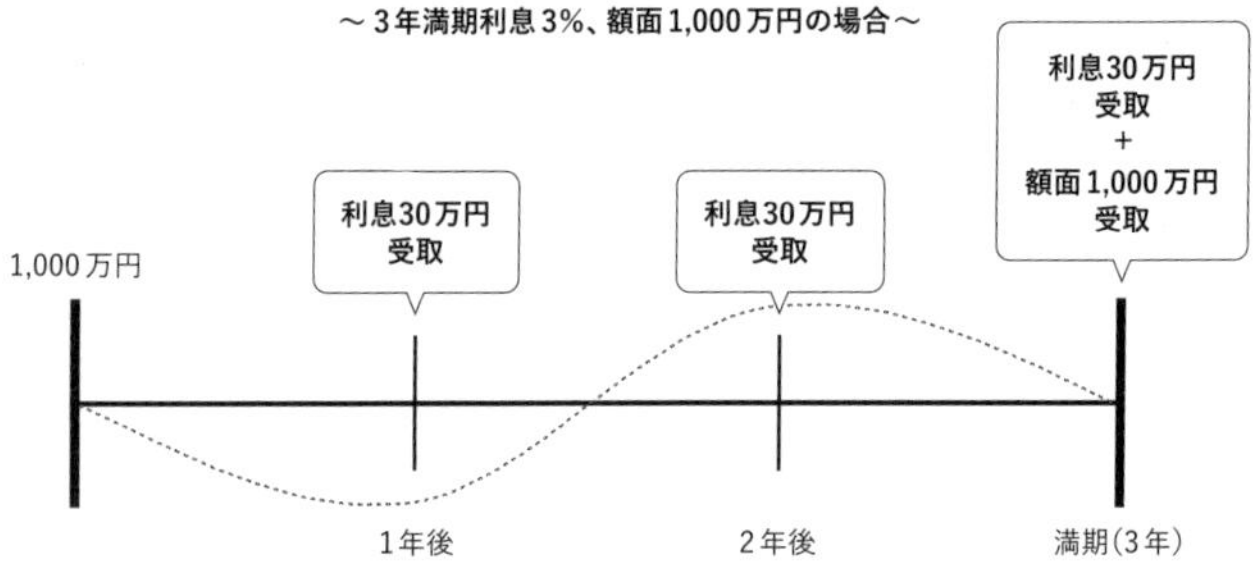

------------ 債券価格※

※債券価格の推移はイメージです。
税引き前での表記。

債券価格の変動要因

①世の中の金利
②発行体の信用リスク
③残存期間
④為替リスク
⑤カントリーリスク
など

出所：バリューアドバイザーズ作成

債券の運用とは

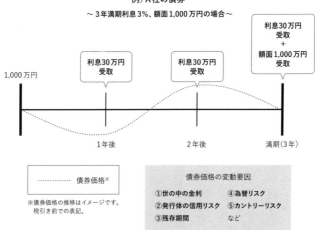

安定的な発行体であればあるほど利率は低くなります。例えば、デフォルト（債務不履行）のリスクが高い新興国や財務体質の良くない会社なら、利率を高くしないと債券を買ってくれる投資家が見つかりません。そのために、利率を高く設定するのです。

このように、信用力に応じた利回りを得られるのが債券の特徴です。ただし、定期預金なら途中で解約しても元本は保証されますが、債券の多くは市場の金利の動きにより価格が変化するため、途中売却のタイミングによっては債券価格が変わり、損失が生じる場合があります。よって、あまり途中売却は考えず、満期まで保有することをお勧めします。

また、個人向け国債には変動金利型（10年）と固定金利型（3年・5年）がありますが、ともに半年ごとに利子を受け取ることができ、年0.05％の最適金利保証が適用されます。日本が破綻しない限り、この仕組みは守られるので安全性は高いのですが、株式に比べるとリターンが少ないことも事実です。

代表的な運用対象③ 投資信託とは？

投資信託（ファンド）とは、多数の投資家から集めたお金を1つの大きな資金としてまとめ、運用の専門家であるファンドマネージャーが国内外の株式や債券などに運用する商品で、その運用成績が金額に応じて分配される金融商品です。投資信託自体は「投資信託運用会社」で作られ、証券会社や銀行などの「販売会社」を通じて販売し、日本だとその数は6000本弱。

集めた資金は資産管理を専門とする「信託銀行」に保管し、運用会社は投資信託ごとの運用方針に基づき運用先を決めます。なお、資産は分別管理されているので、販売会社や運用会社が倒産しても、投資家の資金は守られる仕組みです。

また、投資信託のパフォーマンスは市場環境により変動し、購入後に運用がうまくいき利益を得られることもあれば、うまくいかずに運用した額を下回り、損をすることもあります。繰り返しになりますが、投資信託の値段のことを「基準価額」と言います。この基準価額は1万口あたりの値段で表示されます。運用開始時は1万口あたり1万円ですが、運用の成績により1万口の値段が変わり、これにより損益が生まれるのです。投資信託の決算時に運用収益を保有口数に応じて投資家に支払う「分配金」がある投資信託もあります。

投資信託は商品によって運用対象

投資信託イメージ図

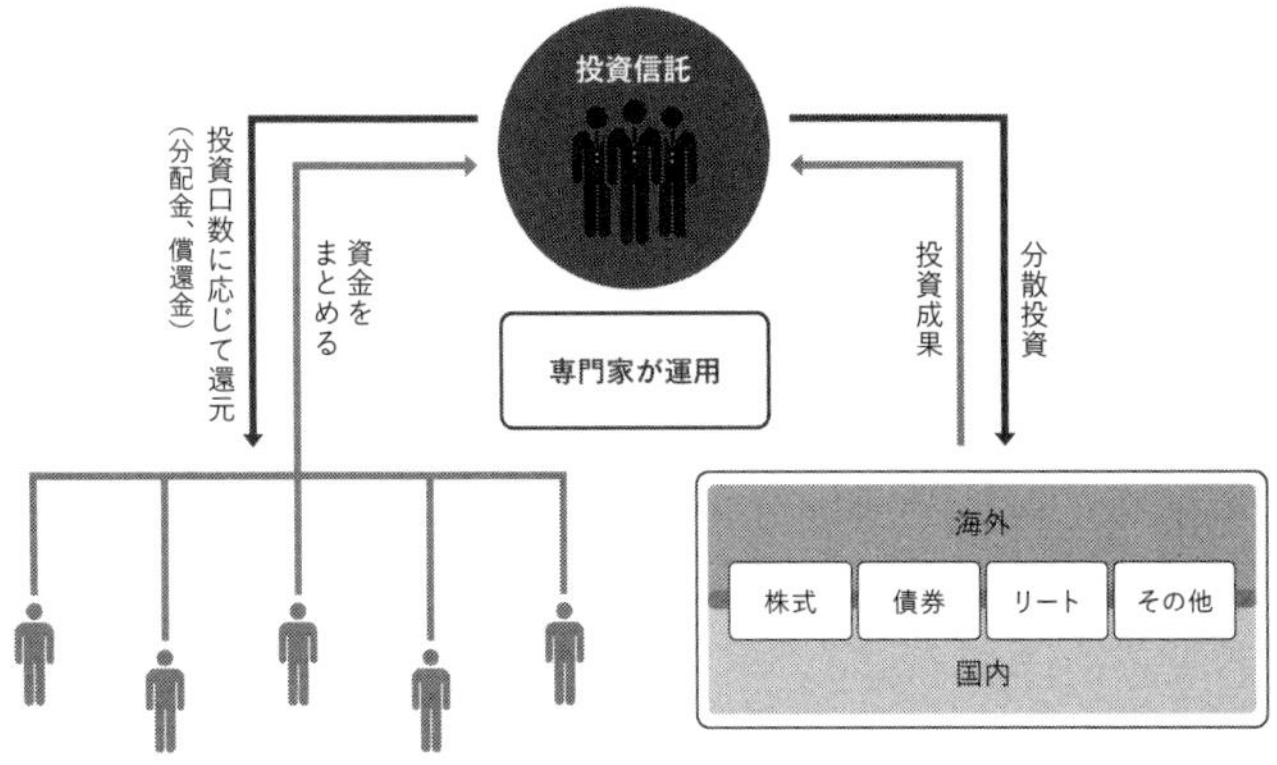

出所：バリューアドバイザーズ作成

投資信託とは

がさまざまあります。大まかな分類は、次のようになります。

運用対象地域による区分

国内：主たる運用対象が国内の資産
海外：主たる運用対象が海外の資産
内外：主たる資産が国内及び海外の資産

運用対象による区分

株式：主たる運用対象が株式
債券：主たる運用対象が債券
不動産（REIT）：主たる運用対象が不動産投資信託や不動産投資法人
資産複合：主たる運用対象が株式と債券など複数
その他：これら以外が運用対象

投資信託がお勧めの理由

我々としては、50代以降の方がコア投資をするには、投資信託が最もフィットしていると考えています。1つの商品で分散投資ができ、運用自体はプロに任せられるなど数多くのメリットがあるからです。

株式や債券には、ある程度まとまった資金が必要ですが、投資信託は1万円程度から手軽に始めることができます。

また、個別株の場合、1銘柄しか持っていないと、その会社が倒産すると株式は紙切れになってしまい、運用額を全額失ってしまう可能性もあります。対して投資信託の場合、小口のお金を集めて大きな資金として運用します。1つの商品で複数の資産に分散投資をするので、おのずとリスクを軽減することができます。例えばA投資信託を買うと、100社の株がパックになっています。万が一、そのなかの1社が倒産してしまったとしても、運用額の100分の1、つまり1％減るだけです。個別株と違って全額がパーになることはありません。資産運用の基本である分散投資が手軽にできるのは、投資信託ならではの特徴です。さらに、個人はハードルの高い海外の株式・債券や、特殊な金融商品も運用可能です。

かつ、投資信託の運用を担当するのは、経済や金融に精通した専門家です。原則として、取引価格である基準価額は毎日公表されるので値動きがわかりやすく、決算ごとに監査法人などによる監査もあるので、透明性も担保されています。

例えば、キャピタルグループが運用する「キャピタル世界株式ファンド」は、世界各国の株式などへ分散投資をすることで、中長期的な成長を目指すファンドです。2007年10月から運用が始まり、リーマンショック後の2009年3月には設定来安値の3766円を付けましたが、その後は順調に成長し続け、2021年4月には設定来高値の1万9626円を付けています。償還日はなく分配金を出さない商品なので、投資で得た利益を複利で運用するのも特徴です。

同ファンドは300社以上の会社で運用をしていて、国別では米国がトップ。他にはフランス、日本、オランダ、英国の企業にも運用をしています。上位銘柄はアマゾン・ドット・コム、台湾セミコンダクター、マイクロソフトなどで、映像配信で急成長を遂げている米ネットフリックスも10位に選ばれています（2021年4月6日現在）。このように、どのような銘柄に運用しているかなどの情報も確かめることができます。確認する方法は毎月運用会社から発表される月次報告書という資料から確認できます。

一括投資と積立投資の使い分け

投資信託の買い付け方法は、まとまった資金で購入する一括投資と、毎月決まった資金で購入する積立投資に大きく分けることができます。どのように使い分けるかですが、大きな資産がない若い世代は毎月の収入から積立投資、それなりの資金があるミドル世代以上は一括投資を私は基本的に推奨しています。若い人たちは時間をかけられるので、20~30年でかなりの運用額が積み上がります。毎月定額の積立投資の場合は安い時に多くの口数を買い、高くなると購入口数は少なく買うことで購入平均単価を下げて利益が出やすくなる、「ドルコスト平均法」で買い付けることができます。

一括投資と積立投資の使い分けはチャートの動きによって変えましょう。（次ページ下図参照）

まとまった資金があれば一括投資をしたほうがいいのは、手元にある資金を有効に

積立投資において「値下がりはチャンス」

ある企業に5,000円投資すると仮定し、株価が下記のように推移したとします。

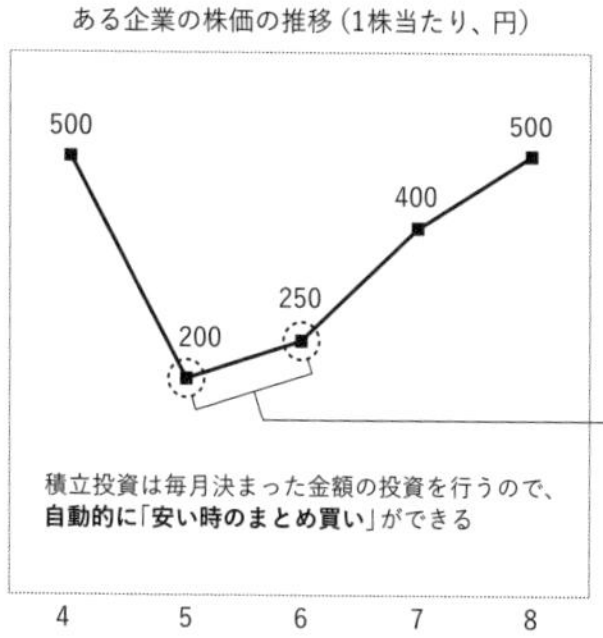

ある企業の株価の推移（1株当たり、円）

200
250
400

一括投資

4月に5,000円を一括投資。

	4月	5月	6月	7月	8月	合計
購入株数	10株					10株

8月時点の損益＝0円

8月時点の評価額（500円×10株）－投資元本（5,000円）

積立投資

毎月1,000円ずつ5回に分けて投資。

	4月	5月	6月	7月	8月	合計
購入株数	2株	5株	4株	2.5株	2株	15.5株

8月時点の損益＝2,750円

8月時点の評価額（500円×15.5株）－投資元本（5,000円）

値下がり時に「自分の意志とは関係なく」自動的に継続して購入することができる！

一括投資と積立投資の違い

①一括投資が有利な場合

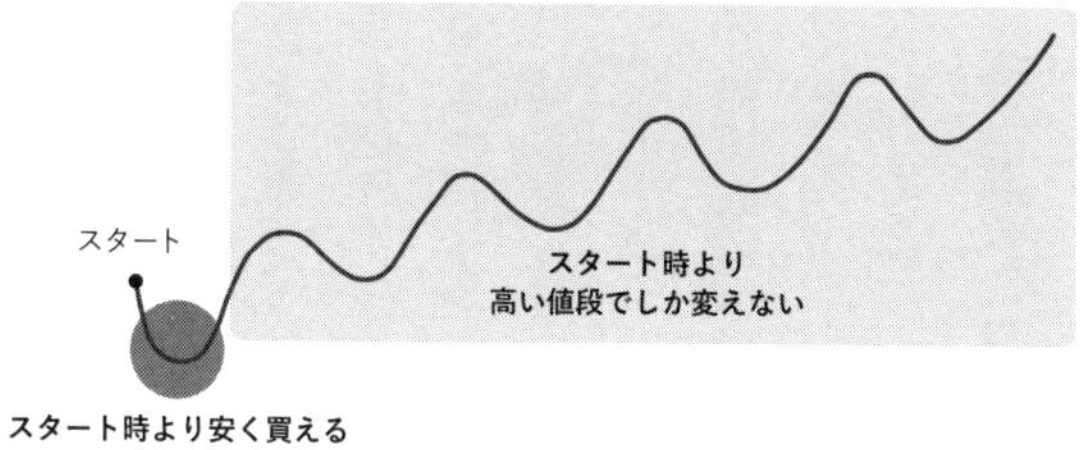

スタート
スタート時より
高い値段でしか変えない
スタート時より安く買える

②積立投資が有利な場合

③運用すべきではない場合

チャートの動きによって、運用方法を考える

積立投資は毎月決まった金額の投資を行うので、
自動的に「安い時のまとめ買い」ができる

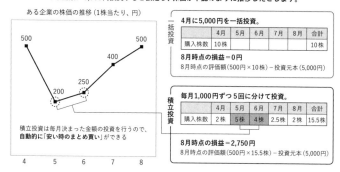

活用するためです。仮に、手元に運用に回せる余裕資金が１０００万円あるとします。その資金を10年間で毎月分割して運用すると、1年間で約１００万円が運用されることになります。つまり、９００万円が何も活かされなかったということになります。基本的に株式市場は波を打ちながら右肩上がりに上昇していきます。（①）債券を組み合わせて株式と債券にバランスよく資産運用をすると、10年間ではプラスになっているので、お金に働いてもらう時間は長く取ったほうが運用を有利に進められる可能性が高いのです。つまり、資産運用に回せる資金があるなら、わざわざ積立をする必要性はあまりありません。積立が有利になるのはおわん型の動きをした場合のみです。（②）例えば日経平均は２０００年に2万円を割り込んでから２０１５年に15年ぶりに2万円台に回復しました。つまり、15年かけて元の値段に戻ったわけです。（次ページ図参照）このような時期でしたら、積立投資をしていたほうが有利だったということになります。

しかし、２０１５年以降の日経平均は上がり続けているので、積立しないで一括投資をしたほうが良かったということになります。

そもそも日本ではなく世界株式に分散投資したほうが良い結果を得られていますし、

私は世界株式での運用を推奨します。
もし、下がり続ける③の時期のような商品なら、
うなチャートになるような商品なら、運用しないほうがいいでしょう。基本的には世界株式は①のような
チャートになるので、それなら一括投資しましょうということです。
ですが、上昇相場に直面した場合、高値掴みするかもと思い、腰が引けることもあるでしょう。
そういう時は、1000万円の資金を2回に分けて運用する方法もあります。「今は高い」と考えて運用を始めないと、株式市場が更に上がっていた時に、当然何も得るものはあ

日経平均株価

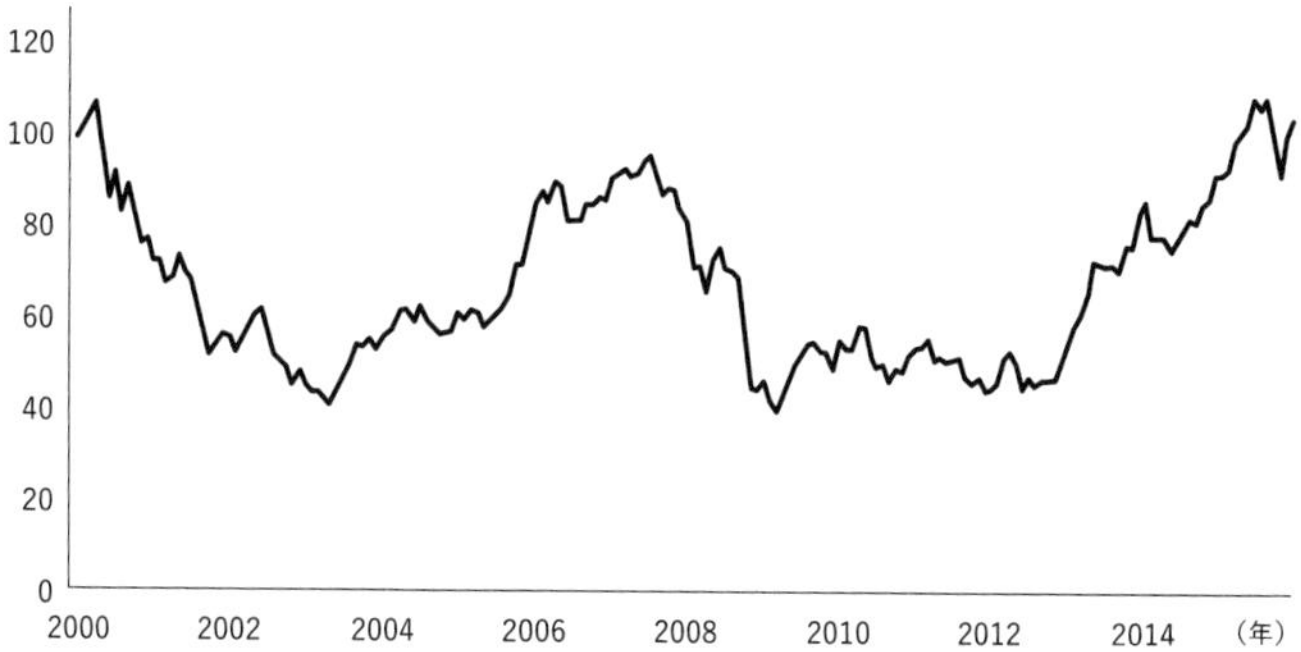

株価に係る知的財産権は、株式会社東京証券取引所（東証）に帰属します。

2000年～2015年の日経平均推移

りません。この「様子を見る」という行動は個人投資家によく見られます。

例えば、2020年に起きたコロナショックですが、2月、3月に株式市場が急落し、その後4月から上昇に転じました。株式市場が上がるのを見て、個人投資家の多くの方々はこんなにコロナ禍で景気が落ち込んでいるのに株が上がり続けるのはおかしいと考え、下がるのを待って買うと言っていましたが、世界株式、日経平均ともに大きな調整をすることなく上がっていきました。日経平均は2020年3月の1万6000円台から2021年2月には3万円まで上昇し、約2倍になりました。

もし、500万円買った後に上がり続けるなら、それが利益になって良かったということになりますし、下落に転じたとしても、残り500万円の余裕資金があるので、そこで買うこともできます。2回に分けることで、平均購入単価を下げられるのです。何よりももったいないのは、現預金のままで余裕資産を持ち続けることです。

また、次ページの上の図は、キャピタル世界株式ファンド基準価額の推移です。このように長期的に上がる資産の場合は、一括投資の方が有利になることが多いと覚えておきましょう。

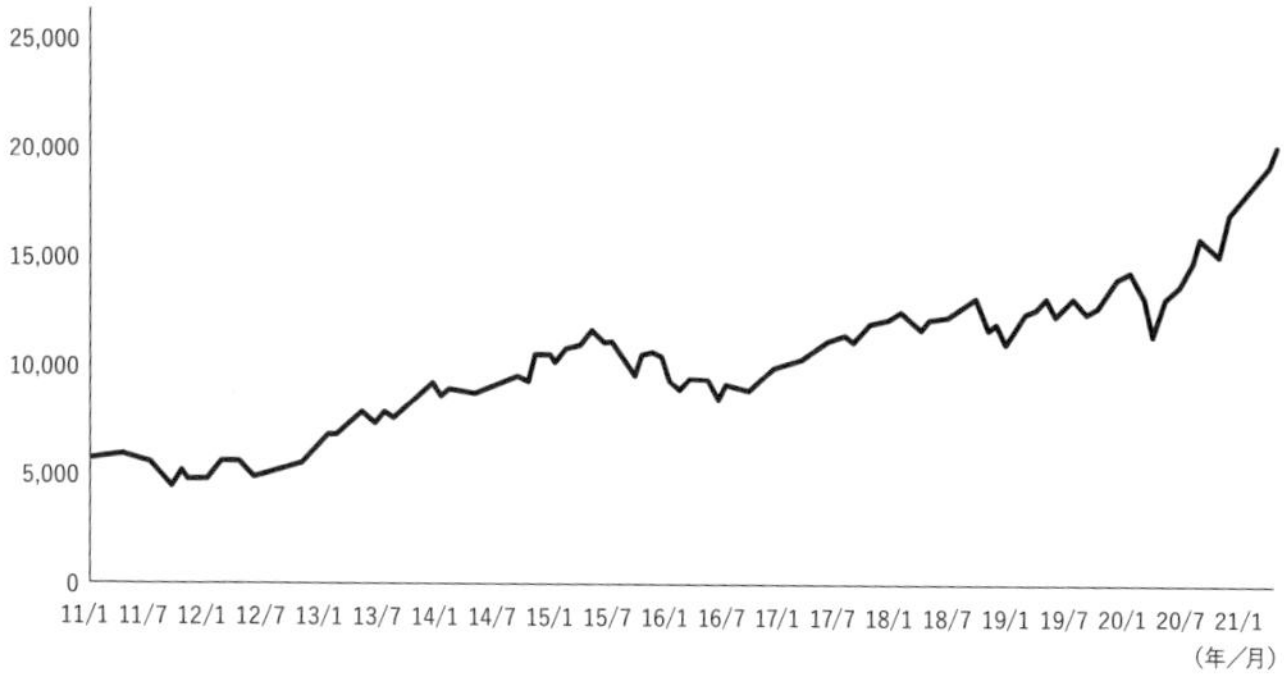

出所：バリューアドバイザーズ作成

キャピタル世界株式ファンド基準価値

累計

	積立投資 毎月10万円積立投資で累計1,200万円投資した場合	一括投資 1,200万円を一度に投資した場合
評価額	26,342,333円	41,764,970円
投資額	12,000,000円	12,000,000円
損益（収益率）	14,342,333円（119.52%）	29,764,970円（248.04%）
年換算収益率	11.94%	24.78%

損益（収益率）年次推移

期間	積立投資 毎月10万円積立投資で累計1,200万円投資した場合	一括投資 1,200万円を一度に投資した場合
1年目	81,385円（6.78%）	-476,273円（-3.97%）
2年目	883,104円（36.80%）	3,617,601円（30.15%）
3年目	1,479,845円（41.11%）	6,168,766円（51.41%）
4年目	3,069,876円（63.96%）	11,293,847円（94.12%）
5年目	1,721,345円（28.69%）	7,560,311円（63.00%）
6年目	2,895,029円（40.21%）	10,169,456円（84.75%）
7年目	4,355,551円（51.85%）	13,294,219円（110.79%）
8年目	5,515,112円（57.45%）	15,433,305円（128.61%）
9年目	4,846,396円（44.87%）	14,279,896円（119.00%）
10年目	14,342,333円（119.52%）	29,764,970円（248.04%）

出所：一般社団法人投資信託協会webサイトより引用、バリューアドバイザーズ作成

積立投資と一括投資の比較

投資信託保有者の約半数が損失を抱えている理由

毎月数百円といった少額から始めることができる積立投資のサービスも多数あります。投資信託は、ｉＤｅＣｏやつみたてＮＩＳＡの主な運用先になるなど、資産形成・運用の中心的な役割を期待され、資産運用のリスクヘッジやパフォーマンスの面でも十分な実績です。

死角のない金融商品に映る投資信託ですが、気になる調査結果もあります。なんと金融庁が銀行29行を調査したところ、２０１８年3月時点で投資信託を保有しているお客様の46％が損失を抱えているというのです。

投資信託の保有期間が短い人ほど損をしていて、長い人ほど損をしている人の割合は少なかったというデータもあり、ここからも運用は時間をかけたほうが有利になることがわかります。例えば金融庁が出している平成27年のレポートでは、国内の株式と債券、そして、外国の株式と債券で運用した場合は、５年間だとマイナスになることもありましたが、20年間だと年間のリターンが２〜８％の範囲に収れんされていくためマイナスにはならず、１００万円が１８５〜３２１万円の運用成果となりました。

他にも下図のデータにもあるように、国内外の株式、債券、ＲＥＩＴ

20年の保有期間では、投資収益率２～8%（年率）に収れん。

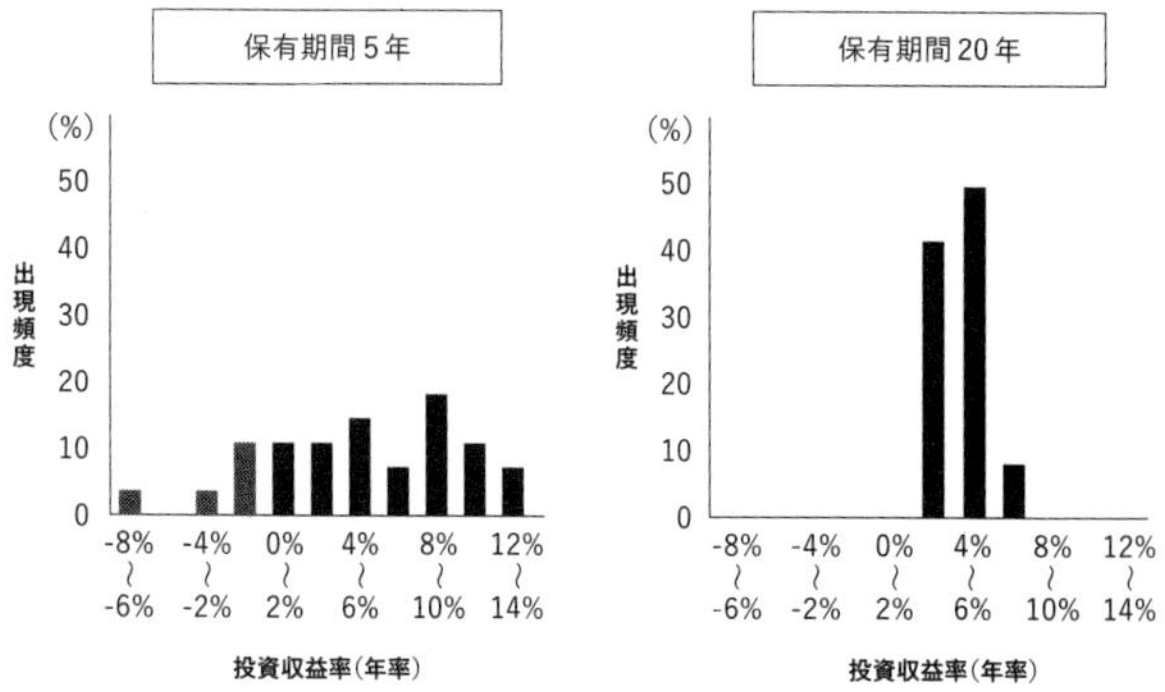

（注）1985年以降の各年に、毎月同額ずつ国内外の株式・債券の買付けを行ったもの。
各年の買付け後、保有期間が経過した時点での時価をもとに運用結果及び年率を算出している。

出所：金融庁レポート

長期運用のメリット

に長期分散投資をすると年率4％の運用成果が得られたというデータも金融庁の金融レポートに記載されています。それにもかかわらず、半数近くの方がマイナスになっている要因は何でしょうか。平成27、28年度の「金融レポート」において、「投資信託の販売では、平均保有期間が3年未満と短期間に留まっており、依然として、回転売買が行われていることが窺われる」と指摘されました。平均的な投資信託の保有期間が2・5年程度であることを考えると、利益が出ると金融機関に言われるがまま売却して他の投資信託に頻繁に乗り換えたり、前章で述べたように、「テーマ型」「新商品」「人気商品」に飛びついて運用をした結果、運用成果の悪い投資信託を買ってしまい、損失を抱えやすくなっているのではないでしょうか。

また積立投資を始めたものの、平均すると3年以内に半分程度の方が止めてしまったというデータもあるので、いかに1人で資産運用を続けるのが難しいかもわかります。

適切なアドバイザーを見つけて、しっかりと時間をかけて運用サポートをしてもらうことが有効でしょう。私はジムに通っていますが、1人だとこれくらいでいいかと負荷をかける量が減りますが、パーソナルトレーナーのアドバイスによって、かなり負荷をかけるトレーニングもできるようになりました。また、ジムに行くのが面倒くさいと感じても「トレーナーがいるから、行かないといけない」と考えて頑張る動機にもなっています。ジムのトレーナーは私の健康面のメンターだと考えていますが、みなさんもお金のメンターを付けることにより、しっかりと運用を続けられるでしょう。

いずれにしろ、投資信託は資産運用の有効なツールになります。ただ、投資信託をメインに資産を運用するにしても、大事なのは欧米や国内一部のＩＦＡが提唱している、「コア投資」の考え方を実践することです。

では、こういった考えをベースに、どのように進めていけばいいでしょうか。第3章では、50代以降の方に焦点を当てた、コア投資の考え方と実践方法について解説します。

コラム② 米国、英国視察での学び

ここで、面白いデータを紹介します。それは、米国や日本における金融機関に対する満足度の違いです。

ＣＳ（顧客満足度）の関する調査・コンサルティングを手掛ける国際的な機関である、米Ｊ．Ｄ．Ｐｏｗｅｒの「２０２０年米国個人資産運用〈自己決定型〉顧客満足度調査℠」の結果によると、「バンガード」や「チャールズ・シュワブ」といったメジャーな金融機関に対する米国人のスコアは８００ポイント超と高く、こうした金融機関はお客様から信頼されていることがわかります。

日本はどうでしょうか。同社の日本法人による調査結果では、対面証券の「三菱ＵＦＪモルガン・スタンレー証券」、全国系銀行の「三井住友銀行」などは６００ポイントに届かず、ネット証券の「松井証券」、ネット銀行の「ソニー銀行」がなんとか６００ポイントを超えたという結果になり、日米では金融機関に対する満足度に大きな差が見られました。さらに日本では対面型の金融機関ほどポイントが下がる傾向にありました。国が違うので完全に同じ調査項目ではなく一概に比べることはできませんが、こうした顧客満足度の違いも、投資に対する関心・信頼になって表れているのかもしれません。

私自身、米国と英国の金融機関やIFAを現地視察したことがありますが、アドバイザーとしての地位を確立し、多くの人の資産運用をサポートしていると実感しました。

なぜかと言うと、欧米では顧客の目的・目標をもとに運用プランを提案する「ゴールベース運用」のコア投資を実践し、かつリスクを抑えることができる分散投資の手法を提供しているからです。運用の主役はあくまでも顧客であり、金融機関は目標や目的を実現するためのパートナーに徹しています。日本の金融機関のように、商品・サービスを売って稼ごうというスタンスではありません。これは本当に大きな違いで、当社が提供するサービスのほとんども、欧米式を採用しています。

顧客に寄り添ったサービスができるのは、やはり報酬体系による部分が大きいのだと思います。欧米の場合は運用資産残高に対してフィーが発生し、その割合は1％ほど。顧客にたくさん投資してもらうには寄り添った提案と高い実績が求められ、その場限りでモノやサービスを売って終わりではありません。ファイナンシャルアドバイザーは顧客の資産が増えると自分の報酬が増えるので、減らすような提案はできないのです。日本のように回転売買をさせた手数料で利益を得ることを目的とせず適切な運用が長続きするように努めています。転勤もありませんから、同じ人に安心して資産管理を任せることができるのも、大きいでしょう。欧米では親子二世代をサポートするファイナンシャルアドバイザーも珍しくありません。だからこそ、医師や弁護士と並んで社会的地位が高く、地域住民から信頼を集めているのでしょう。

ちなみに、昔は欧米の金融機関も今の日本と同じく、販売・売買手数料が大きな収益源だったそうです。ところが、広く普及したIFAにお客様が流れてしまうということで、一部の金融機関では預かり資産ベースに応じた手数料体系を取り入れていったようです。ただし、1億円の資産残高でも報酬の割合が1%なら、年間100万円しかアドバイザーは手に入りません。それよりは、1億円の取引を10回してもらったほうが、手数料率は同じ1%でも1000万円の利益になります。

そんなこともあり、当初は預かり資産に応じた手数料体系だと稼ぐことができないと米国ではいわれたのですが、実際は顧客に売買させる際に使っていた時間が激減したことで、担当できる顧客の数が増え、トータルの売上が増えていったそうです。お客様の成功が自分の成功になるので、モチベーションも維持しやすいと言います。

第3章

50、60代にお勧めの資産運用手法

コア投資の基本は「銘柄」「時間」「値動き」の分散

本書の冒頭にコア投資の基本的な考え方として、株式・債券・投資信託を組み合わせて「ポートフォリオを組む」こと、そして、安定的な運用を行いながら、定めたゴールに向かって行くことをお伝えしました。コア投資の基本は分散であり、「銘柄」「時間」「値動き」、この3つの分散が運用を成功に導くための鍵となります。この3つの分散は世界の富裕層も行っている資産運用の基本的なルールです。

①「銘柄」の分散

まずは、基本である銘柄の分散です。個別株での資産運用で考えてみましょう。個別株はうまく銘柄を発掘して、安いところで買って、高いところで売ることを続けられていれば大きな利益が出ることもあります。一方、銘柄選びや売買のタイミングなど運用の技量により成果は大きく異なり、仮に1銘柄に全力投球をして失敗すると、目も当てられません。ライフプランが大きく変わる危険すらあります。そこまでではないとしても、個別株の経験者で、似たような思いをした人は少なくないでしょう。

なかには、「目利きには自信がある」という方もいると思います。ところが一寸先は闇、「三菱自動車工業」は2000年と2004年にリコール隠しが発覚して以降に株価は低迷。誰もが経営破綻すると思っていなかった「日本航空」は2010年1月に会社更生法を申請し、翌月に上場廃止。株価は1円、まさに紙切れになりました。安定高配当銘柄として高評価だった「東京電力ホールディングス」は2011年の東日本大震災をきっかけに株価は急落し、無配当になり、10年以上たった現在でも無配当の状況が続いています。「東芝」も2015年に不正会計が発覚し、株価は急落しました。次ページの図は、これらの株価の推移を表しています。

個別株式への投資は大きなリターンを狙える半面、大きなリスクを伴います。

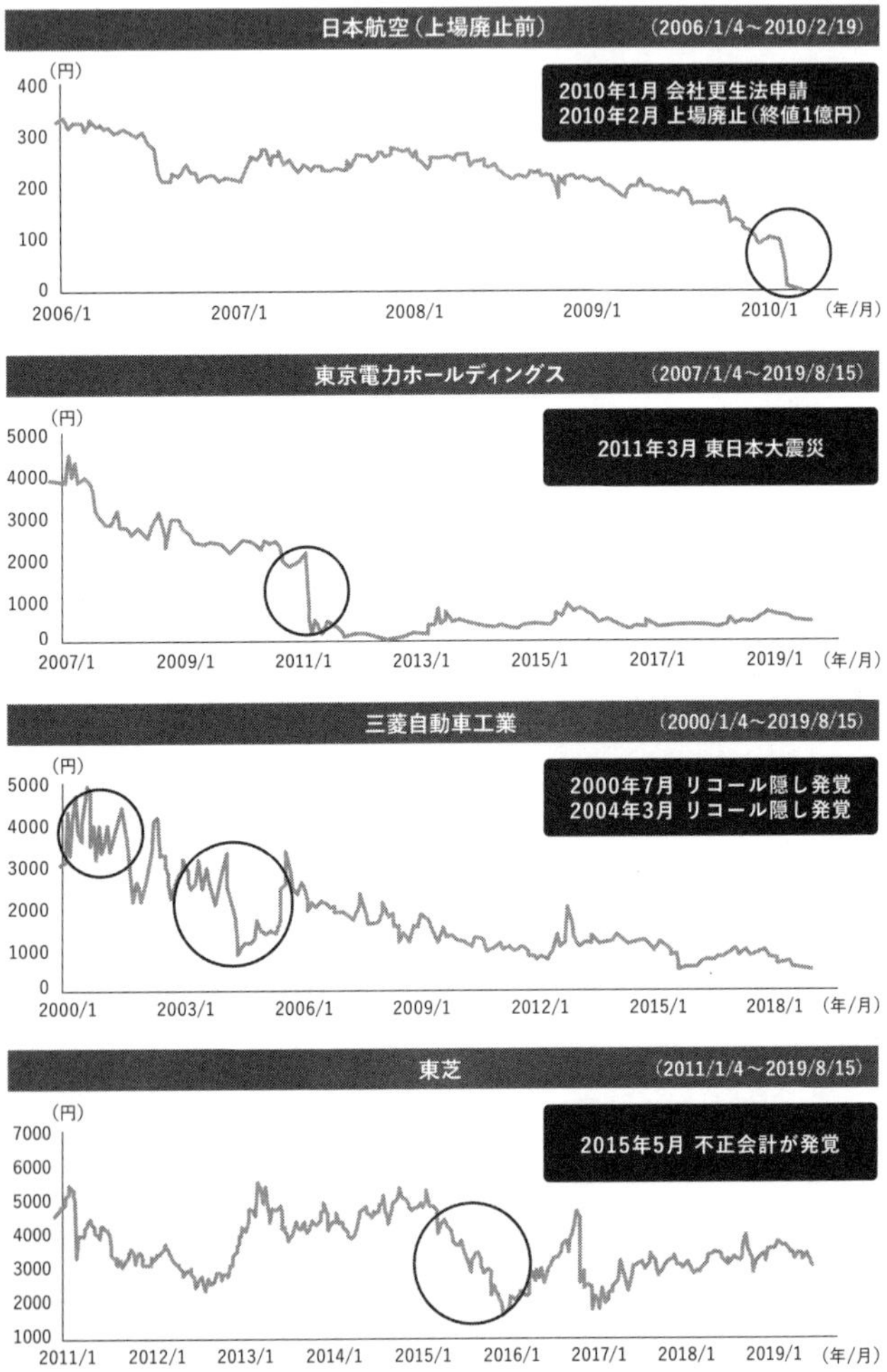

出所：バリューアドバイザーズ作成

個別株式への投資リスク

そう考えると、1銘柄では倒産などの万が一の際のリスクがあるので、資産運用が怖いと感じますよね？　その怖さを避けるために複数の会社に運用先を分散させると、どれかはマイナスになったとしても他の会社がプラスになり、カバーしてくれます。さらに、会社も日本だけではなく、さまざまな国や地域の会社の株を買うことによって、仮に日本が不景気で日本の株式市場が不調でも、米国が好調で米国株が稼いでくれるといったリスクヘッジになります。

しかし、さまざまな国や地域の会社の株を買うなんて、手間もかかるし、日本語しかわからないし、無理だと思いませんでしたか？　安心してください。簡単に世界中の会社に投資できる方法があるのです。それが第2章でもご案内した投資信託を活用する方法です。全世界株式で運用する投資信託を1つ購入すれば、世界中の株式がパックになっているので、さまざまな国や地域の会社を買うことと同じ効果が得られます。例えば、先ほどから事例に出しているキャピタル世界株式という投資信託は、約300社がパックになっています。幅広い地域から優良な300社の株を買っていると考えると、1つの銘柄で運用するよりも安心ではないでしょうか？

②「時間」の分散

次に時間の分散です。時間の分散は毎月1万円分など、定額で投資信託などを買い付ける「積立投資」も時間の分散ですが、資産運用にかける時間を長くすることも、これに含まれます。

それを実証するのが前章でも触れた、世界の株式を対象とした投資信託の「キャピタル世界株式ファンド」のパフォーマンスです。（129、130ページ図）

同ファンドの場合、1973年の年末を起点にして2020年末まで試算したデータで、それぞれの年初から所定の年数経過後の年末までを集計した場合、1年間保有だと33％の確率でマイナスになっています。マイナスの箇所も目立ちますよね？

ただし、毎年株価は違う動きをしており、マイナスの年もあれば大きくプラスになっている年もあります。そして、5年間持ち続けるとその割合は10％になり、10年間（過去38回中リーマンショックの1回のみ）だと3％、15年間保有した場合は

100％利益が出ました。この間には先に挙げたような例以外に、第1次・第2次オイルショック、イラン・イラク戦争、日本のバブル崩壊、アジア通貨危機、米国同時多発テロ、リーマンショック、コロナショックなど、株式市場に影響を与えた出来事がたくさんあったにもかかわらずです。

どの年から始めていても、1年間だけの保有ならプラスになる確率は7割を切りますが、保有する時間が長くなるにつれて確率は良くなり、いよいよ15年間だとマイナスにはならないということです。資産運用をする側からすれば、非常に明るいエビデンスではないでしょうか。第2章でもお伝えしましたが、なぜ世界株式に時間をかけて運用をすると、負けが少なくなってくるかというと、世界経済が成長し、その成長に合わせて株式市場も成長を続けてきたからです。おそらく今後も、過去と同じように世界の株式を脅かす出来事があっても、15年間保有すると相場は復活し、プラスの成績を期待することができます。

ただし問題なのは、15年間も持ち続けないといけないということです。セカンドライフに資金を使いたいのに、例えば現在57歳の方でしたら15年後は72歳。「60代は運

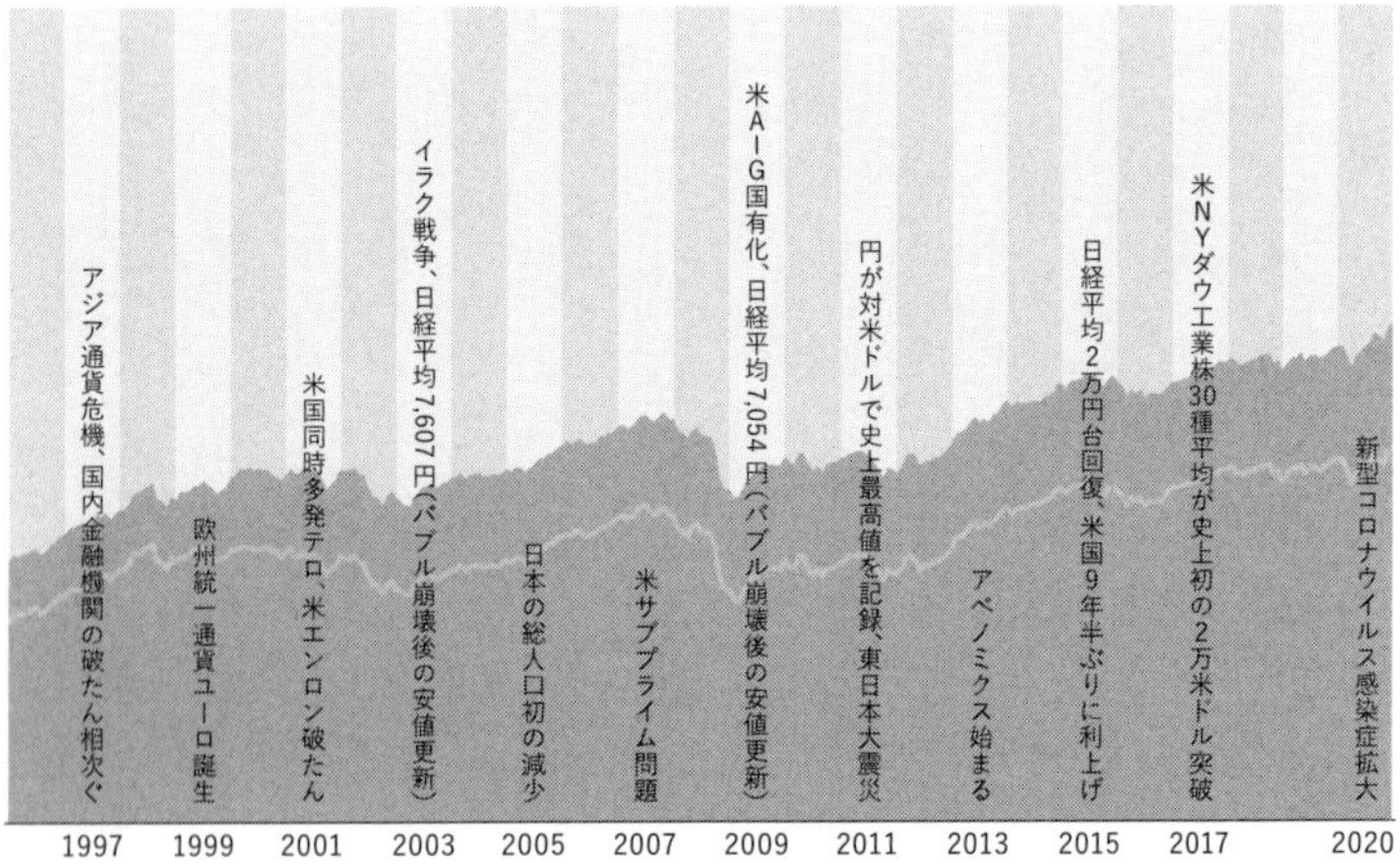

1985	1986	1987	1988	1989	1990	1991	1992	1993	1994	1995	1996
6.3	−0.1	−14.7	12.6	43.4	−8.4	11.7	3.0	12.6	−8.8	23.5	30.8

2009	2010	2011	2012	2013	2014	2015	2016	2017	2018	2019	2020
39.8	−2.6	−13.2	34.5	52.8	16.7	4.7	-2.2	23.3	−9.2	27.6	25.5

※当運用戦略はコンポジット（円ベース）の月次リターンを用いて算出。為替ヘッジは行なっていません。
コンポジットとは、同一の投資目的、投資戦略に基づき運用される複数のポートフォリオの運用実績を加重平均してまとめたものです。

※全世界株式は2011年9月末以降はMSCI ACワールド・インデックス（税引後配当再投資、円ベース）、それ以前はMSCIワールド・インデックス（税引後配当再投資、円ベース）、米国株式はS&P500種指数（トータルリターン、円ベース）、日本株式は東証株価指数（配当込み）、いずれも月次リターンを用いて算出。
いずれのインデックスも当運用戦略あるいは当ファンドのベンチマークではありません。

出所：各種資料、キャピタル・グループ

当運用戦略と全世界株式に100万円投資した場合の試算（円ベース）
（1973年3月末（運用開始日）～2020年12月末、対数表示）

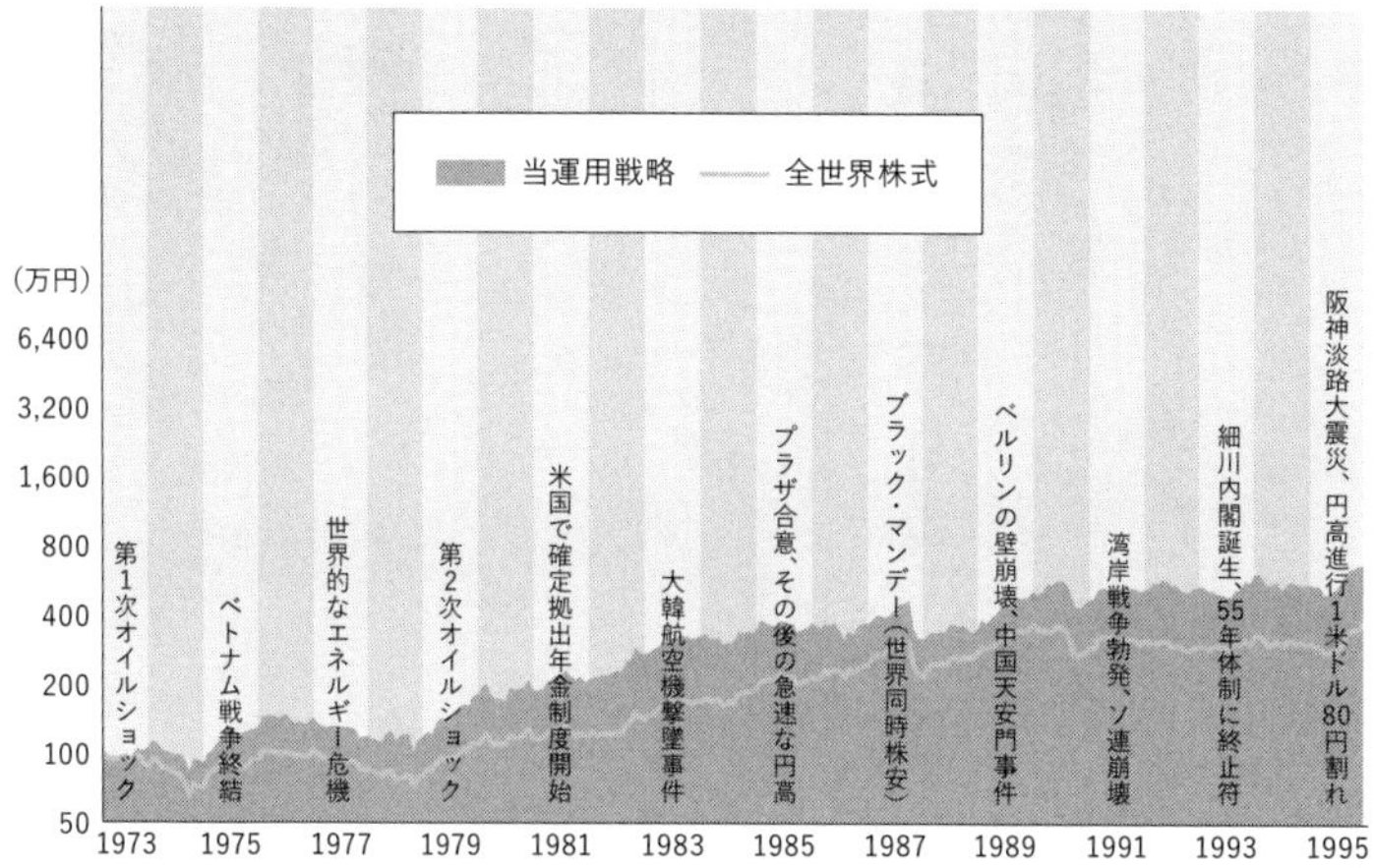

当運用戦略の年間騰落率（%）

1973	1974	1975	1976	1977	1978	1979	1980	1981	1982	1983	1984
8.9	−14.0	42.6	10.7	−17.2	−1.0	55.2	5.7	9.3	28.6	20.7	7.6

1997	1998	1999	2000	2001	2002	2003	2004	2005	2006	2007	2008
27.7	10.5	25.9	2.5	4.3	−24.7	22.4	8.3	27.0	19.8	7.7	−50.1

※長期間では各データの値が大きくかい離してくるため、期間を通して値動きの傾向がわかりやすいよう対数グラフで表示しています。縦軸の目盛りにご注意ください。
※当運用戦略および全世界株式の価値は、当初投資額100万円の各年末時点における評価額。
＊当運用戦略は、購入時手数料3%相当を控除しています。ただし、税金は考慮していません。

当運用戦略は、購入時手数料3% および信託報酬等の費用年率 1.72%
（信託報酬 1.54%、その他の費用 0.18%）相当を控除しています。ただし、税金は考慮していません。

キャピタル世界株式ファンドの主要投資対象ファンドである「キャピタル・ニューパースペクティブ・ファンド（LUX）と同一の運用手法を用いた運用戦略の実績をもとに試算した結果であり、当ファンドの運用実績とは異なります。また、当ファンドの将来の投資成果を示唆・保証するものではありません。

ニューパースペクティブ運用戦略の運用実績

用の果実を得られないのか、長いな」と感じてしまうかもしれません。正直なところ、15年もたたずに運用の果実を得たいと思う方も多いはずです。そこで実践すべきなのが、「値動き」の分散です。

③ 値動きの分散

【銘柄の分散】、【時間の分散】では株式を中心にお話をしてきました。また、第2章でもお伝えした通り、世界の株式市場は世界経済の成長を背景に上昇し続けています。

しかし、【時間の分散】でもお伝えしましたが、資金が必要な時にリーマンショックのような暴落が訪れてしまうと、元も子もありません。そこで、株式とは違う値動きをする債券を組み合わせることによって、株式が大きく下落した時に債券がクッションになり、下落を和らげてくれます（実務面では株と債券以外も組み合わせますが、話をわかりやすくするために株と債券で説明します）。

そこで、株式だけでの運用よりパフォーマンスは下がりますが、安定的な運用先と

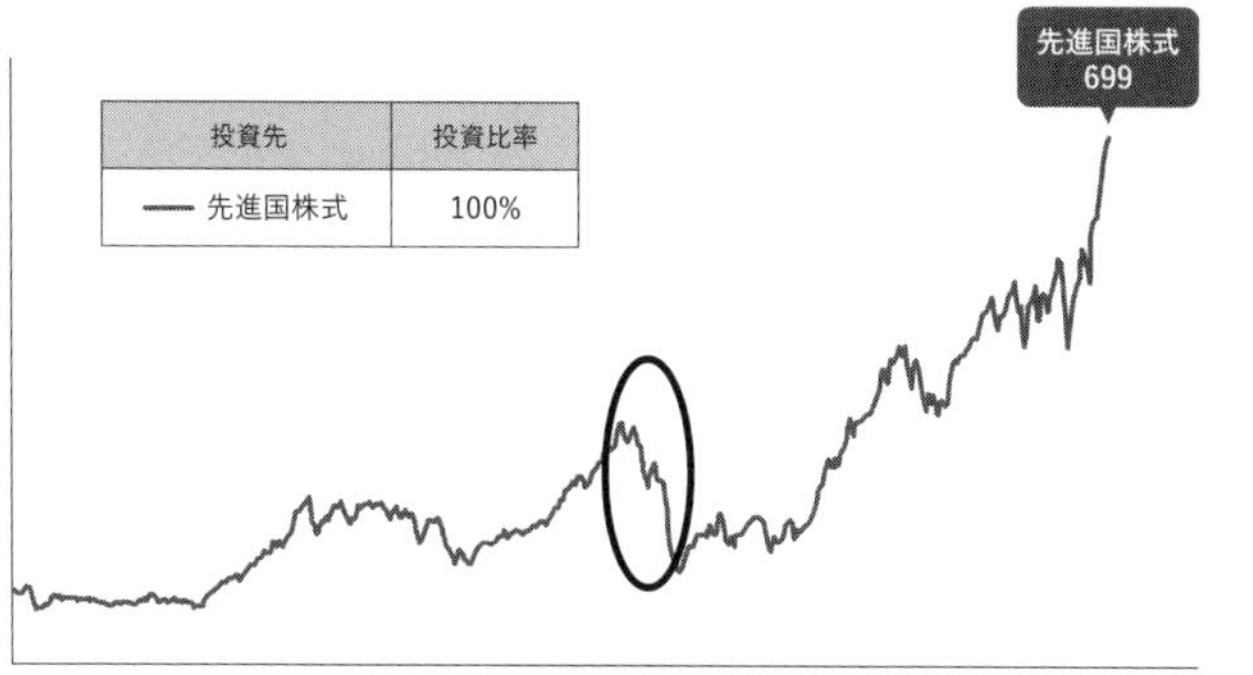

※期間は1989年12月末～2021年5月末
※先進国株式はMSCI ワールド・インデックス（税引後配当再投資、円ベース）
出所：Bloomberg、リフィニティブのデータをもとにキャピタル・グループが作成

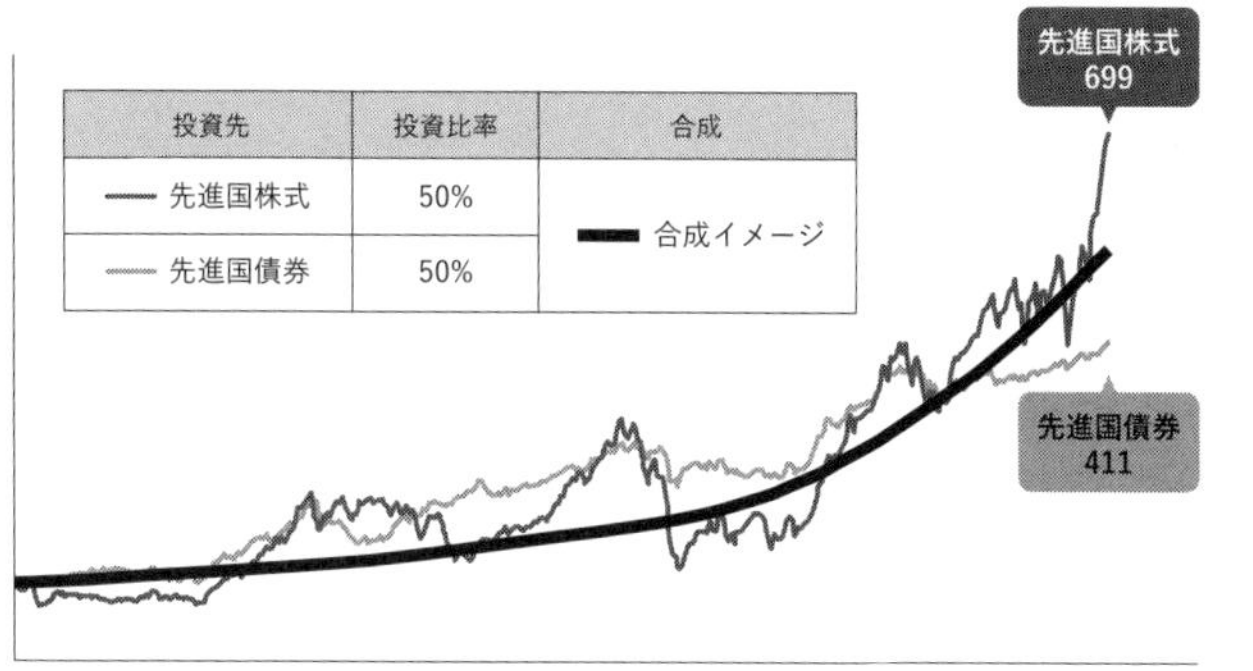

※期間は1989年12月末～2021年5月末
※先進国株式はMSCI ワールド・インデックス（税引後配当再投資）、先進国債券は
ブルームバーグ・バークレイズ・グローバル総合債券インデックス、いずれも円ベース。
出所：Bloomberg、リフィニティブのデータをもとにキャピタル・グループが作成

株式のみと株式と債券の値動き

して知られる債券など、リスクを抑えられる資産を組み合わせることで値動きを安定させることができるのです。

前章でも取り上げましたが、複数の資産を組み合わせることにより、値動きは安定します。

国内株式、外国株式、国内債券、外国債券で4分の1ずつ均等に運用した場合の、1997年以降の運用期間別の平均利回りを調べたところ、1年間の運用だとITバブルが崩壊した2002年、リーマンショックがあった2008年などは、年間を通じてマイナスのパフォーマンスでした。ただし、世界の株式だけだと下げ幅は約50%だったのに対して、4資産に分散しただけで下げ幅を20%も抑えることができています。ここからも銘柄・資産分散にリスクヘッジ効果があることがわかります。

運用期間を2年に延ばした場合も、ITバブル崩壊やリーマンショックを含む期間は、残念ながらマイナスの結果でした。ただし、単年運用に比べると損失の割合を縮小することができました。株式だけではなく、債券もポートフォリオに加えた効果が、より鮮明になりました。

さらにお話しした【時間の分散】を使い、3年、4年……と運用期間を長くしていくと、7年運用の時点でマイナスはなくなり、収支がトントンという結果が出てきました。そして、9年以降になると、ITバブル崩壊やリーマンショックを含むどの年から始めたとしても、結果は高いと10%超のプラスです。すなわち、世界の株式では大暴落が起きると、15年間運用しないと収益が生まれなかったのが、投資信託を上手に組み合わせて活用しながら、長くても7年間のコア投資を実践すれば収益が期待できるのです。

こうしたシミュレーションを提示すると「机上の空論に過ぎない」と思う方もいるかもしれません。ところが、国の年金を運用するGPIFはこれら4つの資産に分散投資を行った結果、2001年から2020年にかけて単年度ではマイナスを出している時もありますが、トータルで収益率は3.37%（年率）、収益額は85兆円を超えました。メディアはマイナスになった時ばかり注目しますが、資産を分散して長期で運用すると先ほどの例と同じく、3%程度で運用しているのです。

投資信託を上手に組み合わせてコア投資を長くても7年間実践すれば、収益が期待できます。通常の相場でしたら、5年程度保有すると運用の効果を実感するでしょう。

他方、それこそ50代、60代でも15年以上時間をかけられる人は株式の割合を増やしてもいいでしょうし、歳を重ねるにつれて債券の割合を高めるなど、年齢に応じて攻めの資産（株式）と守りの資産（債券）のバランスを調整していくのも、効果的な方法です。また、お子さんがいらっしゃる方は、是非、長い期間を活用して大きなリターンを得られる世界株式で20～30年の時間をかけて運用する方法をお伝えすると、大きな資産を築けるでしょう。

投資信託は商品によって運用対象が株式のみ、債券のみであったり、両方で運用するものがあったり、国・地域も日本や先進国、新興国のみ、これらを組みわせたものもあります。株式を対象とした投資信託なら、個別株のように大きな株価上昇を期待できるわけではありませんが、長期的に世界経済の拡大に伴う株価上昇の波に乗ることができ、1つの商品で何十～何百の会社の株を運用しますから、どこかが業績不振や経営破綻に陥っても影響は軽微で済みます。こうした、商品自体がリスクヘッジに対応しているのでコア投資に向いていていて、長期運用することで安定的にパフォーマンスが期待できるのです。

相場の暴落後は長期の上昇相場がやってくる

ここまで、相場の下落に備えて【値動きの分散】の話をしてきました。ただ、覚えておいて欲しいことは、暴落の後に上昇するケースが多いという事実です。

今まで、古くは「ブラックマンデー」、近年であれば「リーマンショック」「コロナショック」が株式市場にも影響を与え、相場は暴落しました。こういった出来事を正確に予見することはできず、巻き込まれるかどうかは運次第です。

ところが、株価は暴落すると、その後に長期の上昇相場が訪れるという傾向があるのです。それを表したのが次ページ以降のグラフです。


これは、１９８０年1月1日から２０１９年6月30日における、世界の株価の値動きを示したものです。なんと40年近くで16倍以上の伸びを記録しています。

さらに注目したいのは、その間に起きた経済危機による暴落です。ここでは、１９８７年に起きた「ブラックマンデー」や、２０００年代初頭の「ＩＴバブルの崩

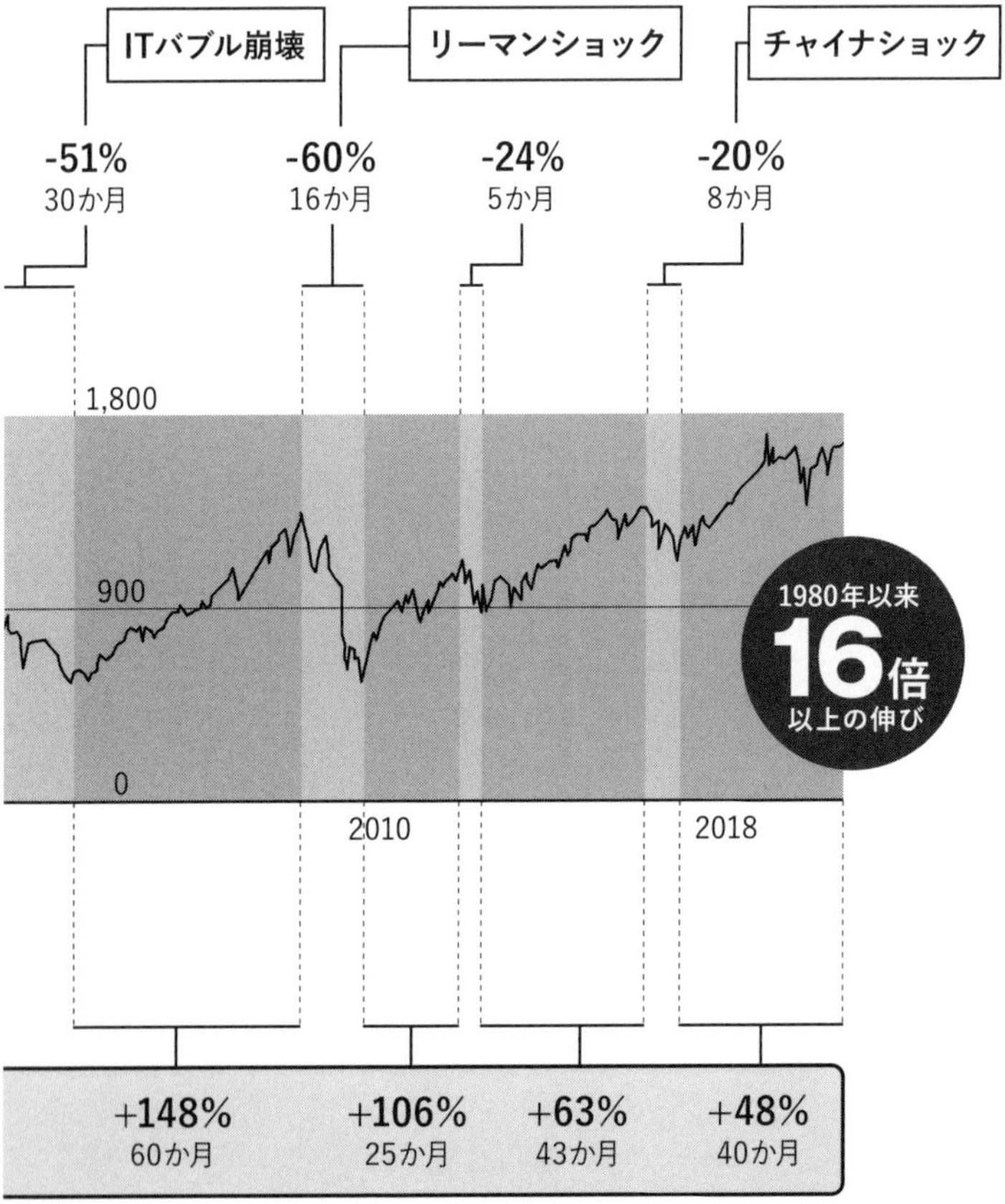

出所：Vanguard webサイト（2021年2月28日確認）

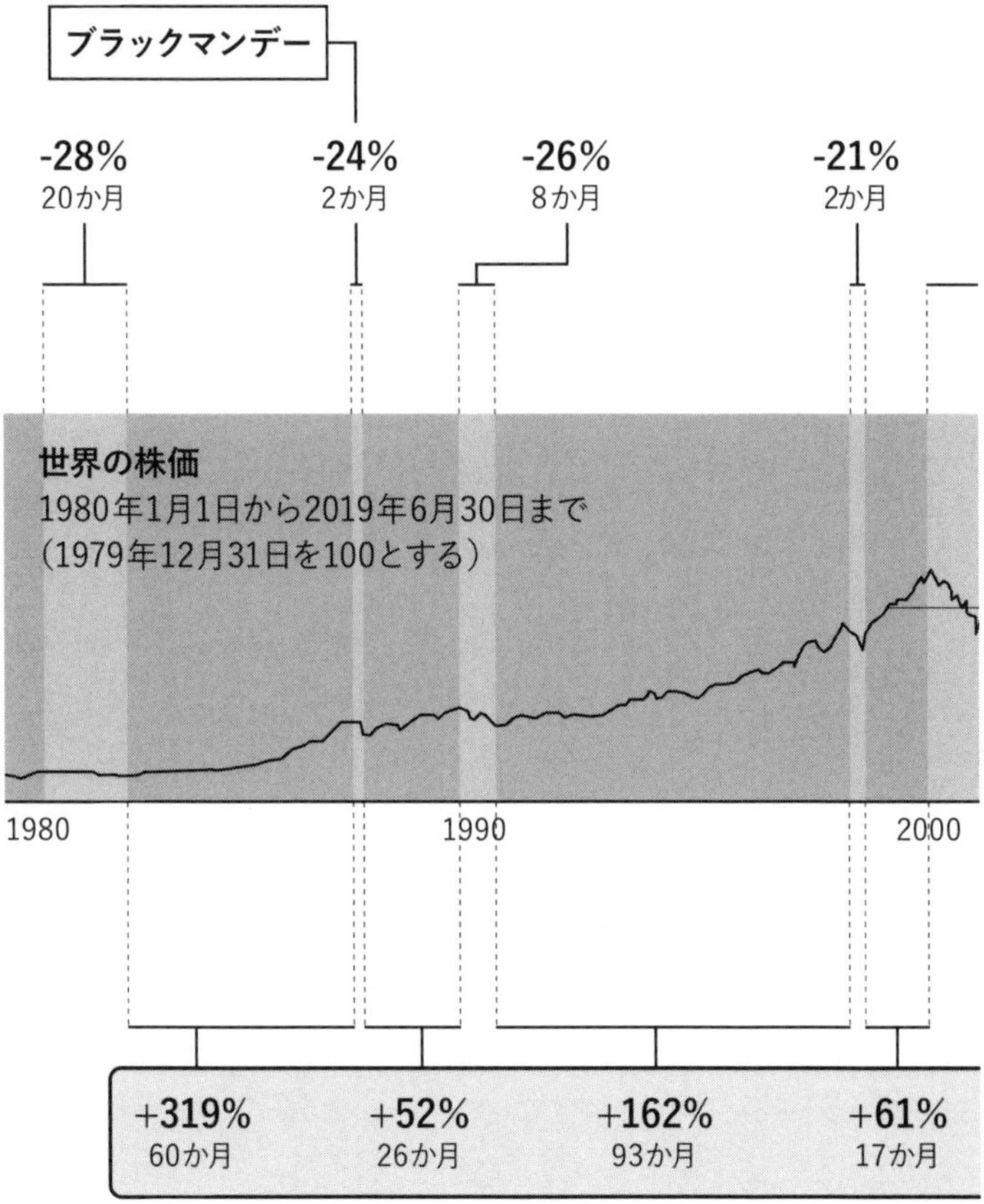

過去の急落とその後の動き

壊」などを挙げました。例えばブラックマンデーの時は、約2か月間で世界の株価は24％も下落しています。ところが、その後は26か月間の上昇相場が始まり、世界の株価は52％も上がったのです。ITバブル崩壊も同様で、30か月間の長引く低迷で世界の株価は半減しましたが、その後は60か月をかけて148％も上昇しています。こうした動きはリーマンショック、チャイナショック、直近のコロナショックでも同じことです。株価は短期的には景気、各国の金融政策、需給などで変化しますので、一時的な暴落は何かのきっかけにより、いつでも起こりえます。しかし、1つ言えるのは、相場が永遠に下がり続けたことは、これまでにないという事実です。

また、次ページ上のグラフは1999年12月末から2019年12月末まで世界の株式を持ち続けていたら、100万円が280万円に増えた事例です（A）。

では、この日数のうち上昇率が高い順に並べ、そのうち1位から10位を取り除いたとします。すると運用成績は280万円から138万円にほぼ半減しました（B）。じつは、上昇率の高い日は暴落の最中に起きていて、この間も持ち続けることで最終的に高いリターンが実現するのです。暴落が起きたからといって手放し、ショックが落ち着いたところで、買い直しても、なかなか上手くいかないでしょう。それこそ、

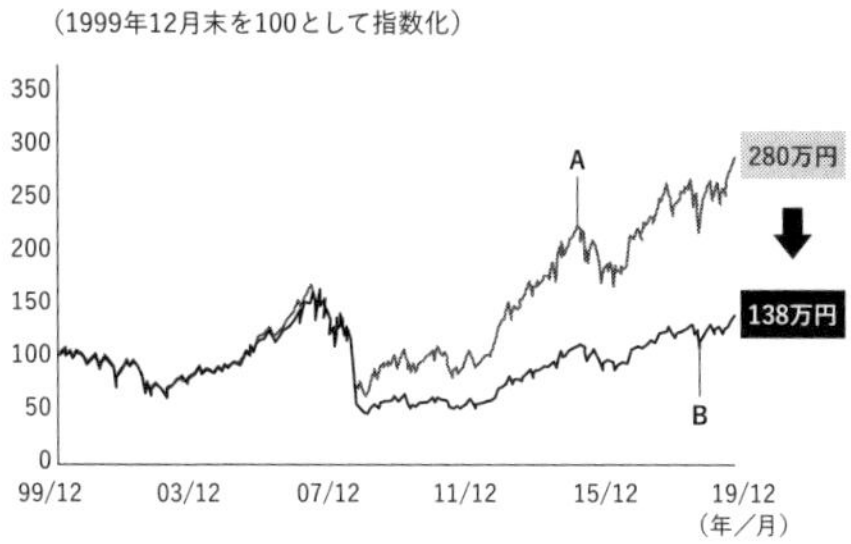

2000年まではMSCI ACワールド・インデックス（配当含まず）、
2001年以降はMSCI ACワールド・インデックス（税引前配当再投資）。
日経リターン、円ベース。

順位	上昇率	日付
1	10.45	2008/10/13
2	9.70	2008/10/28
3	8.22	2008/11/24
4	8.08	2008/09/19
5	7.43	2010/05/10
6	6.86	2008/12/08
7	6.31	2009/03/23
8	5.66	2008/10/29
9	5.46	2008/11/04
10	5.32	2002/07/29
11	5.14	2009/04/02
12	5.11	2002/10/15
13	4.64	2009/03/10
14	4.61	2008/03/18
15	4.55	2008/10/14

出所：Capital group webサイトより引用し、バリューアドバイザーズ作成

日経平均 日時上昇率

1位	2008年10月14日	14.15%
2位	2008年10月30日	9.96%
3位	2020年3月25日	8.04%
4位	2008年10月29日	7.74%
5位	2015年9月9日	7.71%
6位	2001年3月21日	7.49%
7位	2016年2月15日	7.16%
8位	2020年3月24日	7.13%
9位	2016年11月10日	6.72%
10位	2008年10月28日	6.41%

NYダウ 日時上昇率

1位	2020年3月24日	11.37%
2位	2008年10月13日	11.08%
3位	2008年10月28日	10.88%
4位	2020年3月13日	9.36%
5位	2009年3月23日	6.84%
6位	2008年11月13日	6.67%
7位	2008年11月21日	6.54%
8位	2020年3月26日	6.38%
9位	2009年3月10日	5.80%
10位	2020年3月17日	5.20%

出所：公表データよりバリューアドバイザーズ作成

上昇率の高い日は暴落の最中にある

暴落が起きる前に売り、暴落時の安値で購入できれば一番良いですが、いつ暴落するかはわかりませんし、暴落時は怖くてとても株式なんて買えないでしょう。逆に、暴落が起きた時には、かなり安い価格で売却してしまい、その後値上がりしたところで購入してしまうケースは少なくありません。

株式を運用していて、市場の暴落は避けて通れません。これまでを振り返ると、10年に一度くらいの割合で起きています。基本的に企業は成長の拡大を前提に事業を展開します。そのため景気の変動で業績不振は時折あるでしょうが、長い目で見ると生き残る企業は事業規模を拡大し、それは株価に反映されます。

これまで見てきた世界の株式をひっくるめても、短期間ではさまざまな要因で指数は上下しますが、長期間になると、株や債券がもともと持っている稼ぐ力である期待リターンに近い結果をもたらすことがわかります。やはり、ポートフォリオを組んで時間の「分散」をすることが重要なのです。

暴落時には短期的な値動きに振り回されるのではなく、台風が過ぎ去るのを落ちついて待つことが肝心です。

資産運用は続けることが一番難しい

ただ、そうは言っても暴落時に、ご自身の資産がみるみる減っていくのを目の当たりにすると、じっとしていることはなかなか難しいでしょう。特に資産運用においては、人間は感情に振り回されてしまいがちです。

下記のデータは公募投信に対する資金の流出入数と日経平均の動きを表したものです。日経平均株価が上昇すると流入（購入）が多く、下落すると流出（売却）が増えることが

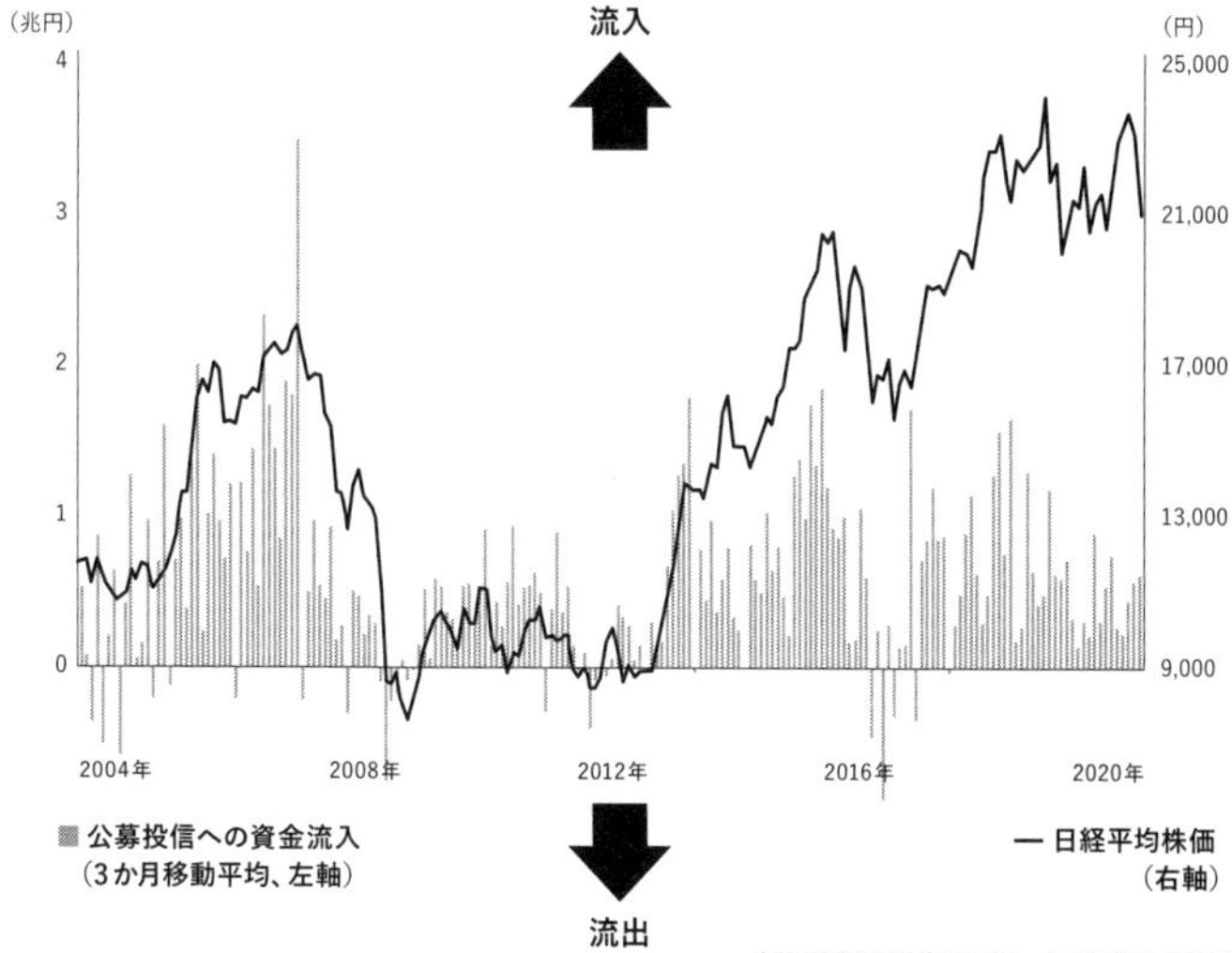

出所：投資信託協会よりバリューアドバイザーズ作成

投信流出入の推移

みてとれます。

日経平均株価はリーマンショックの引き金となった、２００７年のサブプライムショックが起きるまでは順調に上昇していたので投資信託に流れ込む資金は多かったのです。この時期はニュースでも株式ブームなどと取り上げたこともあり、多くの人が強気になり、株式市場に参入してきました。そして、サブプライムショックを機に下落相場になり、投資信託も売る人が増えていきました。

損失がみるみる膨らんでいき、怖くなって投げ売りをしてしまった投資家の姿が思い浮かびます。その後も同様で、全体相場が上がると投資信託を買う人は増え、暴落すると売られるという関係が見られます。このことからも相場に振り回されずに自分の感情をコントロールすることがいかに重要か、いかに難しいかがわかります。

「言うは易く行うは難し」ということわざがあるように、平常時には頭の中では売らないほうが良いとわかっているけど、相場が暴落すると、パニック売りをしてしまうのでしょう。暴落時に落ち着いて判断するのは非常に難しいので、あらかじめ気軽に相談できる専門家のパートナーを見つけておくこともお勧めします。

セカンドライフ時には必須の債券運用

資産運用は続けることが一番難しいとお伝えしましたが、続けるためのポイントとして、債券での運用が重要になってきます。セカンドライフ時には債券運用は必須の資産運用手法だと言えます。なぜなら、債券は定期的に利息をもらえて、満期が来ると運用した元金が返ってくる性質があるからです。つまり、1000万円の債券運用をした場合、償還（満期）時には1000万円返ってくるのです。この2つの性質がありますので、例えば株式市場がどんなに暴落したとしても、利息は安定的にもらえますし、償還時には元金が返ってきます。株式型の投資信託だけではそうはいかないでしょう。

ですから、株式市場の回復を待つ間は債券の利息と満期になったお金を活用して、セカンドライフの資金を捻出できますし、株式市場が暴落しても精神衛生的にも安心して資産運用を続けることができるでしょう。

ゴールベース運用の考え方

ここからは、コア投資の基本的な考え方である、「ゴールベース運用」について解説します。

ゴールベース運用とは、「いつ」「何を目的に」「どれくらいの資産が必要か」など、資産運用の目的や期日といった「ゴール」を明確に決めて、それに向かって運用することを指します。例えば、今55歳で3000万円の現預金を持っている人がいるとして、65歳までに5000万円を目指し、セカンドライフはそのお金を取り崩して生活したいという場合は10年間で2000万円を増やす必要があります。そのためには年5・2%くらいの利回りが必要で、具体的にはこういった金融商品で運用するといった流れで、運用のプランを立てていくのです。

これに対して、マーケットベースで運用するサテライト投資は、「投資でお金を増やしたい」という考えは同じでも、明確な目標・ゴールがありません。リアルタイムの相場にいかにして乗るか、サーフィンに近い考えで運用を行います。マーケットは長期では上昇していますが、短期でみると下落することも多いわけですから、その動きにも翻弄されやすくなってしまいます。紹介される金融商品も、「このくらいの利益が期待できる」「短期で稼げる」といったことにフォーカスしています。サテライト投資は、金融機関が短期間でお客様に売買してもらえるので、手数料収益を稼ぎやすい商品が勧められ取引はさらに増えていくのです。

ゴールベース運用といっても、自分1人で運用の目的を考えることができる方もいれば、苦手な方もいるでしょう。また、預金に置いておくのは金利も低いし、もったいないと考えている方もいると思います。目的を考えにくい場合は、我々のような資産運用の専門家がお客様に関わり、ゴールや運用目的を考えるサポートを行います。その場合はアドバイザー側が積極的に金融商品を紹介するのではなく、主役は相談者のみなさんですから、ニーズを聞いたうえで、そのニーズに沿った提案をしています。資産運用をする側は漠然と「引退後が不安」といった悩みを抱えていても、具体的なプランにまで落とし込むことは難しいようです。

当社の場合は、相談にいらしたお客様には必ず、「相談でどんなことを聞きたいか」「資産運用の経験」「運用の目標」「将来の夢」「現在の生活費や積立額」「収入と収入源」「金融資産」「家族構成」などの項目がある、「問診票」の内容をお伺いしています。ヒアリングをしながら課題や思い描く理想を掘り起こし、見える化していきます。お客様からしても誰かに話すことで、求める姿が明確になってくるはずです。前記の内容を基に読者のみなさんもご自身の運用を考える際に是非一度、自問自答してみてください。

資産運用は登山やマラソンと同じで、事前の準備やペース配分をしっかりしておかないとゴールにたどり着くのが難しくなります。全力疾走でフルマラソンを走り切ることはできないですし、高尾山に登る格好でエベレストにチャレンジすると命を落としてしまうでしょう。エベレストに登るというゴールがわかっているからこそ、そのゴールに向けた事前のトレーニング、服装や持ち物などの準備ができます。運用もそれと同じで、ゴールから逆算すると成功の確度が上がると考えています。

そして、ゴールによって運用するポートフォリオも人それぞれ、オーダーメイドになります。ここでは参考のため、次ページに利回り別の参考ポートフォリオを紹介します。さらに詳しく知りたい方は、専門家に相談してみましょう。

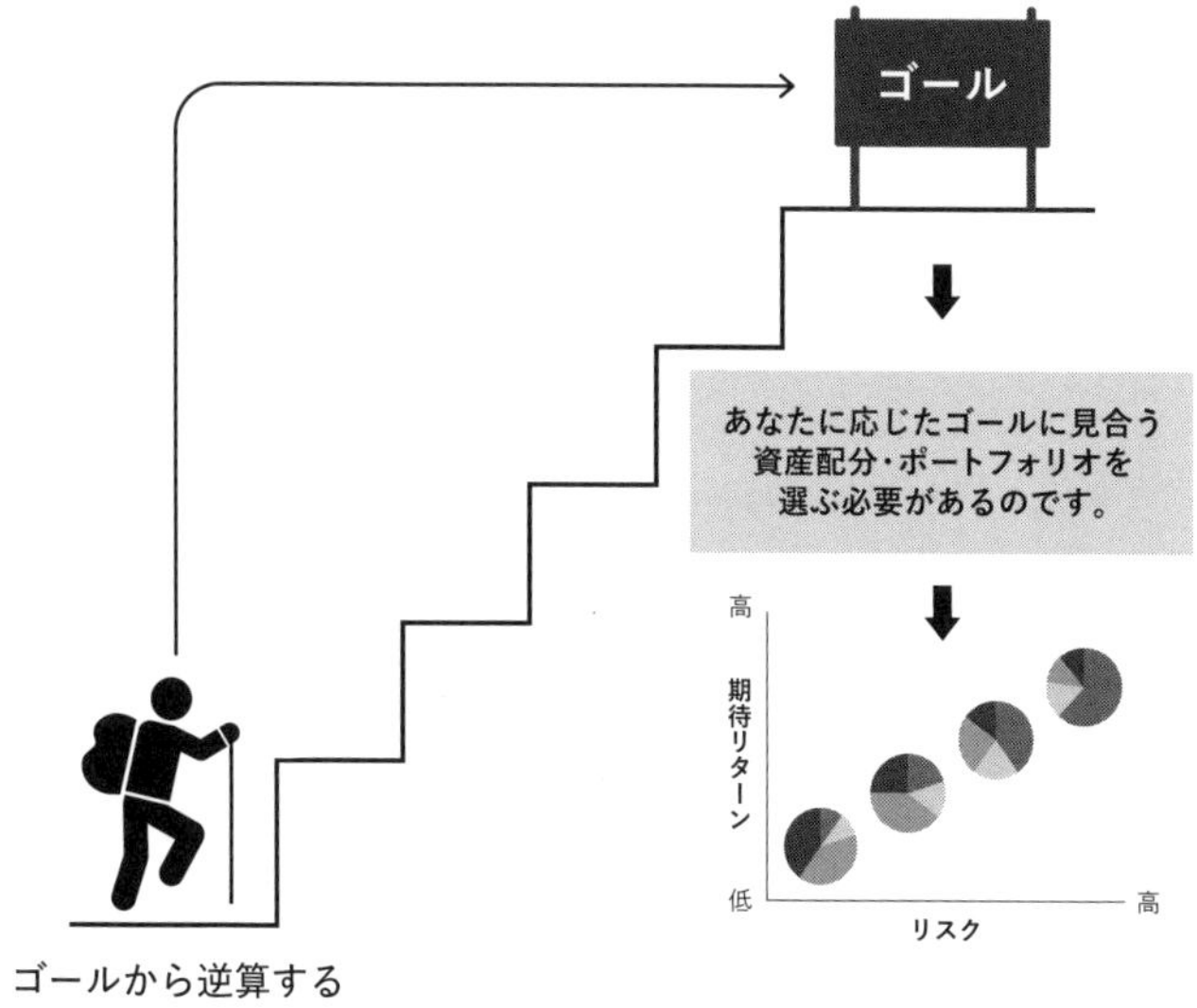

期待リターン3.2%／リスク6.7%の場合の基本資産配分

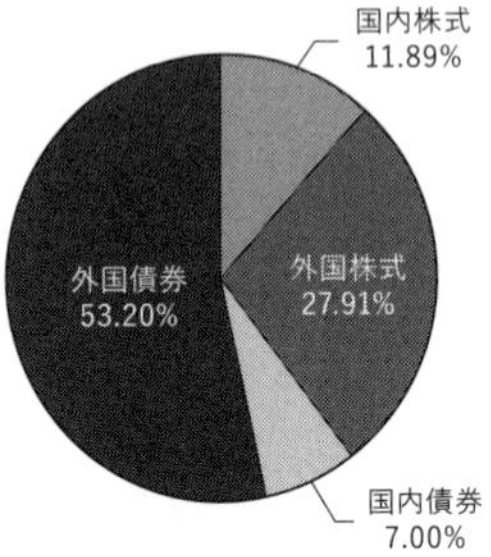

期待リターン4.1%／リスク8.9%の場合の基本資産配分

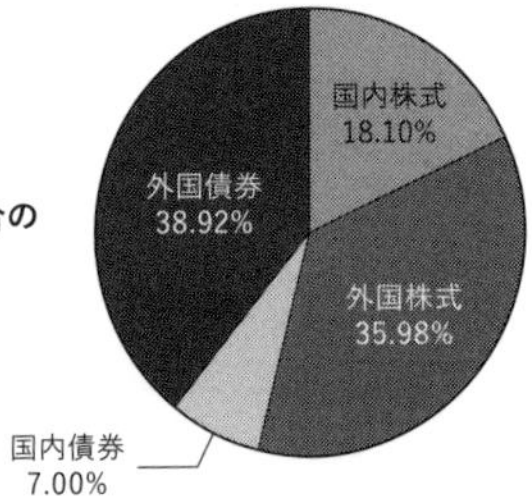

期待リターン5.6%／リスク12.5%の場合の基本資産配分

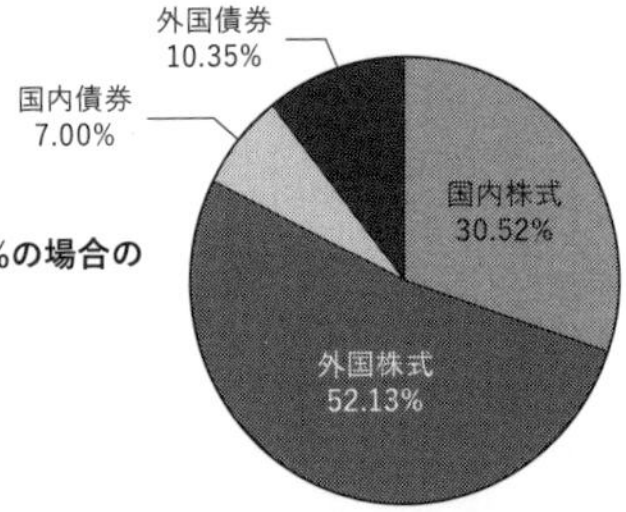

（注）上記は、過去の実績であり、将来の資産配分等を示唆・保証するものはありません。
基本資産配分は市場動向等により変動します。

出所：バリューアドバイザーズ作成

利回り別の参考ポートフォリオ

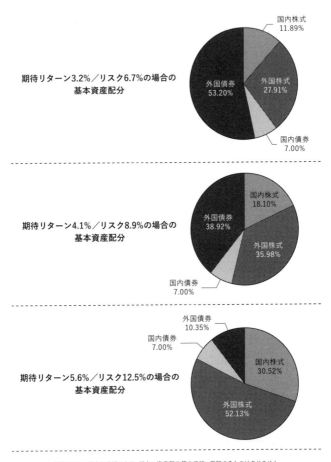

ゴールベース運用の例①　セカンドライフのため

では、実際にはどういった流れでゴールを決めるのでしょうか。いくつか事例を挙げていきましょう。

先ほど申し上げた通り、我々の場合はヒアリングをもとにゴールが決まれば、必要な利回りを算出し、具体的なポートフォリオの提案に進みます。ただし、同時にリスク許容度も確かめ、リスクを取ることができないならリターンを下げたうえで労働所得の時間や運用期間を延ばすかといった調整を加え、最終的なプランを決定しています。

例えば、59歳で早期退職したAさんは、証券会社に言われるままテーマ型の投資信託を売買していた方でしたが、当然ながらそれだと安定的なリターンは期待できません。そうした悩みを当社にご相談いただき将来のことをお聞きしたら、「相場に振り回されずに、安定的に豊かなセカンドライフを過ごすための資金を確保するために運用していきたい」とのことでした。

ヒアリングを重ねAさんに提案したのは、3000万円の運用資金を債券中心にして、さらにREITを組み合わせた運用で、年間100万円ほどの利息を受け取るという内容でした。また、Aさんは定期的な収入が欲しいということで毎月分配型の投資信託もお持ちでしたが、こうした商品は元金をさらに削ってしまい、将来的に元本割れのリスクが高くなりますので、これはご解約いただきました。債券が中心なのでリターンは安定的で、かつ値動きの振り幅は狭く、とてもお喜びいただいています。


現役の会社員で安定した収入があるなら、積立投資と組み合わせたプランも提案できます。

先ほどと同じく3000万円の資産を持つ55歳のBさんは、65歳の定年までに資産を5000万円まで増やしたいというゴールがありました。ただし、年齢と投資期間を考えると全資産を株式型の投資信託でリスクを取って一括運用することはお勧めできません。そこで3000万円のうち2000万円を世界株式と債券の投資信託でポートフォリオを組み、3％の運用を目指し、10年間で2687万円を目指しましょうと提案。ところが、これでは目標に届かないので、給与所得から毎月8万円を世界株式で運用して6％目標で運用することも併せて提案しました。

すると10年間で1311万円になるので、先ほどの2687万円と合わせると約4000万円になり、万が一の際の資金として置いていた1000万円を足すと、目標に到達します。リタイアまで10年以上あり、働いている方は毎月の収入から積立投資もできるので、一括投資に加えて活用することができます。ゴールが決まり、リスクに対する考え方もわかると、多様なプランを設定することができるのです。

65歳になったからといって、運用を諦める必要はありません。

65歳で定年退職を迎えたCさんは、公的年金が夫婦で月25万円受け取れますが、月の生活費や家の修繕費、そして、趣味の旅行も合わせると45万円かかっているので、毎月20万円を現預金から取り崩さないといけませんでした。お持ちの資産は6000万円なので、仮に95歳まで生きるとしたら毎月16万7000円しか取り崩すことができず、これでは理想の豊かなセカンドライフにわずかに到達できません。

そこで提案したのは、お手持ちの6000万円のうち1000万は何かあった時のために普通預金で備えておき、残りの5000万円を3％で運用しながら取り崩しましょうという内容でした。これなら月に21万円をねん出できるので、年金と合わせて理想のセカンドライフを過ごしていけそうです。

そして、95歳でぴったり資金がなくなるプランではないので、95歳になっても、万が一の際にとっておいた1000万円があります。Cさんはプランに満足され運用をスタートしました。また、一緒に話すことでセカンドライフの生き方・目標が明確になり、週1、2回のペースでもう少し働いて、そこから得る収入もセカンドライフの楽しみにあてるということになりました。

セカンドライフになると時間的に余裕が生まれ、旅行やレジャーに行きたくなったり、介護も見越して住む場所も検討しないといけません。そう考えるとそれなりのお金が必要で、公的年金や退職金だけでカバーするのは、難しい方が多いのではないかと思います。現役時代から引退後に理想とする暮らしと必要な資産を考え、運用による補填を始めておくべきです。

ゴールベース運用の例② 子どもや孫に資産を遺したい

それでは、お子さんの住宅購入を援助したり、お子さん、お孫さんに暦年贈与で資産を渡したいと考えている場合はどうなるでしょうか。

50歳になったばかりのDさんがまさにその例で、資産はあるが、預金においておくのはもったいないので、この資産を有効活用して、お子さんに渡していきたいというご要望でした。税理士の先生も交えて話し合った結果、株式と債券をバランス良く配分し、運用で得たリターンを非課税枠が年間110万円ある暦年贈与を活用して、お子さん、お孫さんに渡していきましょうとアドバイスしました。Dさんご自身のセカンドライフもあるのでリスクは取りすぎず、バランスが取れている提案だと感じていただき、ご快諾いただきました。

ただし、この話はまだ続きがあります。Dさんから贈与された資産を使い、お子さんには世界の株式を使った30年以上の運用を提案したことです。Dさんが30年間運用するのは長すぎて、株式のみではリスクが高くなりますが、20代のお子さんにとっては30年の運用はまったく問題がありません。Dさんも贈与したお金をお子さんに無駄遣いしてほしくなかったようで、この提案にもすぐ乗っていただきました。

60代半ばのEさんからは、自分が亡くなった後にお子さんやお孫さんにお金で苦労してほしくないという話をお聞きしました。ただし、家族みんなで旅行に行きたいなど、今後のセカンドライフも満喫したいとおっしゃいます。また、運用で資産を増やしたいけど、残りの人生を考えると長期間の運用はできるかどうかわからず、大事な資産をリスクにさらすのは避けたいとのご要望も……。

そこで考えたのは、投資信託ではなく米ドル債券への直接投資でした。当時は金利が4％ほどあり、２０００万円分を買うと年間80万円が利息で得られ、満期まで持っているとドルベースとはいえ、元本は戻ってきます。もう1つは、債券型の投資信託のみで運用して2％の利回りを安定的に受け取るという方法でした。これらを提示したところ、よりリターンが期待できる米ドル建て債券へ直接投資をすることをお選びになりました。

当社としては基本的には投資信託を活用した運用をお勧めしております。しかし、状況によって直接債券を購入することをお勧めする場合もあります。読者のみなさんも複利で何年後かに結果が出るよりも、目先の利息が欲しいという場合には債券への直接投資を活用する手法も効果的でしょう。

「コア投資」のポートフォリオの基本的な考え方とは？

ゴールベース運用による資産の組み合わせを紹介してきましたが、実はポートフォリオの基本となる考え方があります。

例えば欧米のＩＦＡの場合、株式と債券で運用する投資信託でのポートフォリオを進めるのが一般的です。株や債券への分散投資はみなさんにとっても大切な年金資金を運用する日本の「ＧＰＩＦ（年金積立管理運用独立行政法人）」や米国の「ＣａｌＰＥＲＳ（カリフォルニア州職員退職年金基金）」といった、巨額の年金資金を運用する機関も行っています。

ＧＰＩＦはたまにメディアで「運用成績が悪い」とバッシングを受けていますが、

GPIF
年金積立管理運用独立行政法人
基本ポートフォリオ

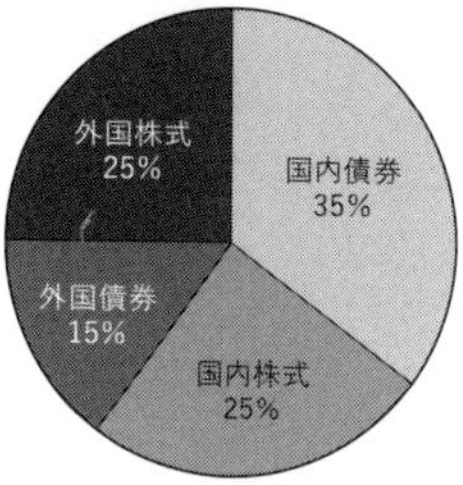

年金積立管理運用独立行政法人
ホームページより

CalPERS
米国カリフォルニア州職員退職年金基金
基本ポートフォリオ

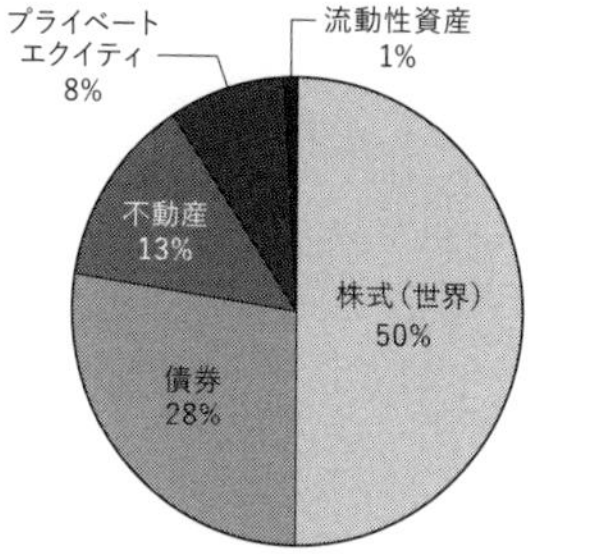

CalPERS
(California apublic Employee's Rwtiewment System)
ホームページより

GPIFの運用実績（2001年～2020年12月）

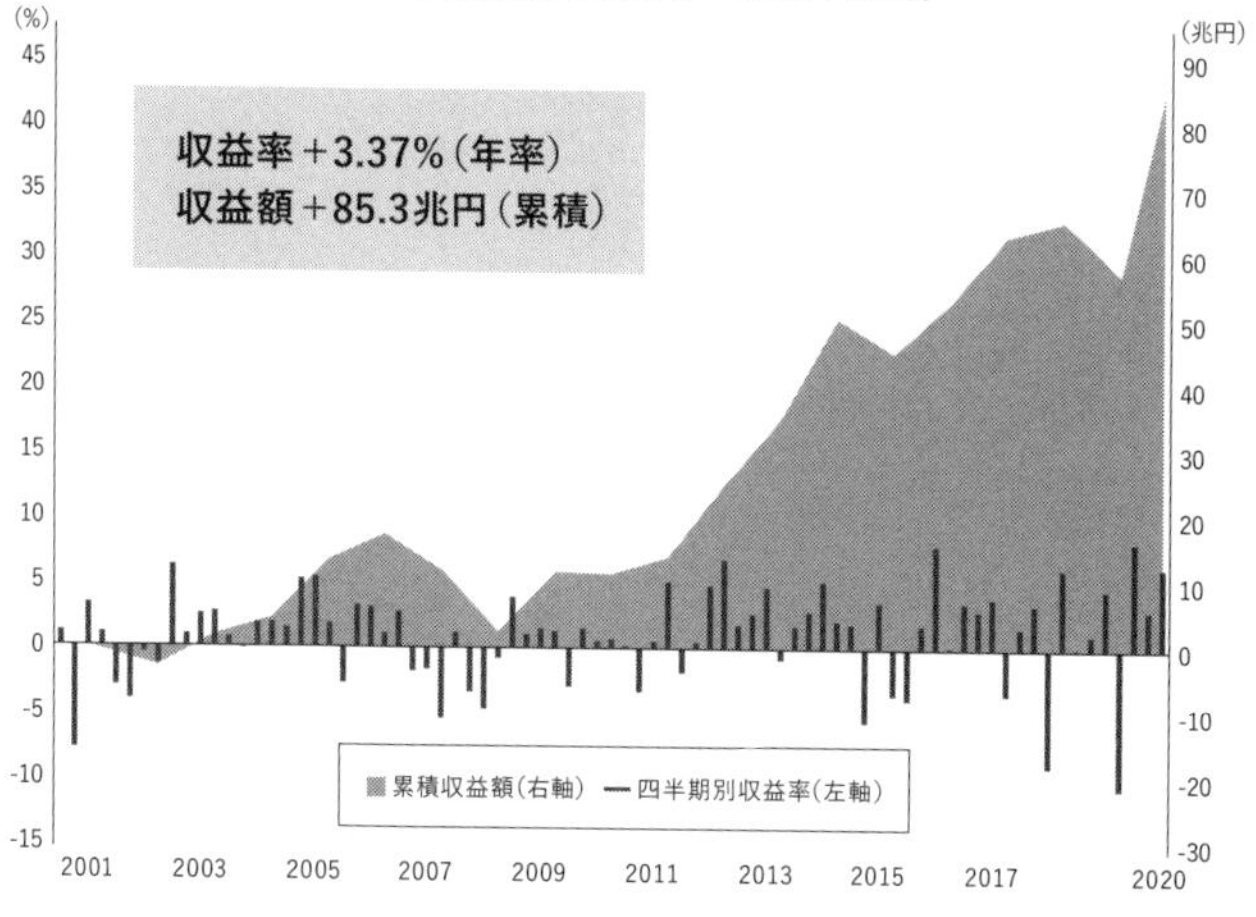

出所：GPIF2020年度第3四半期運用状況（速報）よりバリューアドバイザーズ作成

年金はポートフォリオの見本

実際はそうでありません。2001年から2020年までの収益率は3・37%(年率)、累積で85兆円超を得ています。

こうした分散投資は、1950年代に米国のハリー・マーコウィッツ氏が提唱した「現代ポートフォリオ理論」がもとになっています。資産運用で価格変動リスクを抑えながら一定のリターンを期待するには多数の銘柄や複数の資産に分散投資するのが有効であり、ポートフォリオ全体の価格変動リスクは、組入銘柄の個々の価格変動リスクとその組入比率などで決まるとされています。同氏はこの功績により1990年のノーベル経済学賞を受賞していますが、ここからも分散投資が運用の成否を握っていることがわかります。この理論があるからこそ、GPIFも分散投資をしていますし、我々IFAも分散投資を提案できるのです。

ポートフォリオは3つのフェーズで考える

年齢に応じて変えていくこともポイントです。以下、3つのフェーズで考えるとわかりやすいでしょう。

①現役時代
↓攻めの資産運用として、株式型の投資信託を中心に「資産形成」を行う

②50～70歳まで
↓株式型の投資信託だけではなく、徐々に守りの資産である債券の割合を増やし分散しながら「資産運用」を行う

③70歳以降～
↓自分のセカンドライフを充実させるために運用資産を取り崩しするのか、次の世代に残すために運用することを定期的に見直しながら、ポートフォリオを決めて運用する

このように、年代により攻めと守りのバランスは変わりますし、お金の投じ方も変

わります。みなさんの場合は、これまで形成した資産を使い、運用に入っていくフェーズではないでしょうか。

それぞれを詳しく見ていきます。

①現役時代であれば、持っている資産は少ないですが、毎月の給与が入るという強みがあります。これを活かして、先ほどのように積立投資をメインにしたうえで、可能な範囲の額で投資信託を一括で買い、株式と債券で分散運用することができます。この場合、大きな値動きが気にならないのであれば、株式の割合を

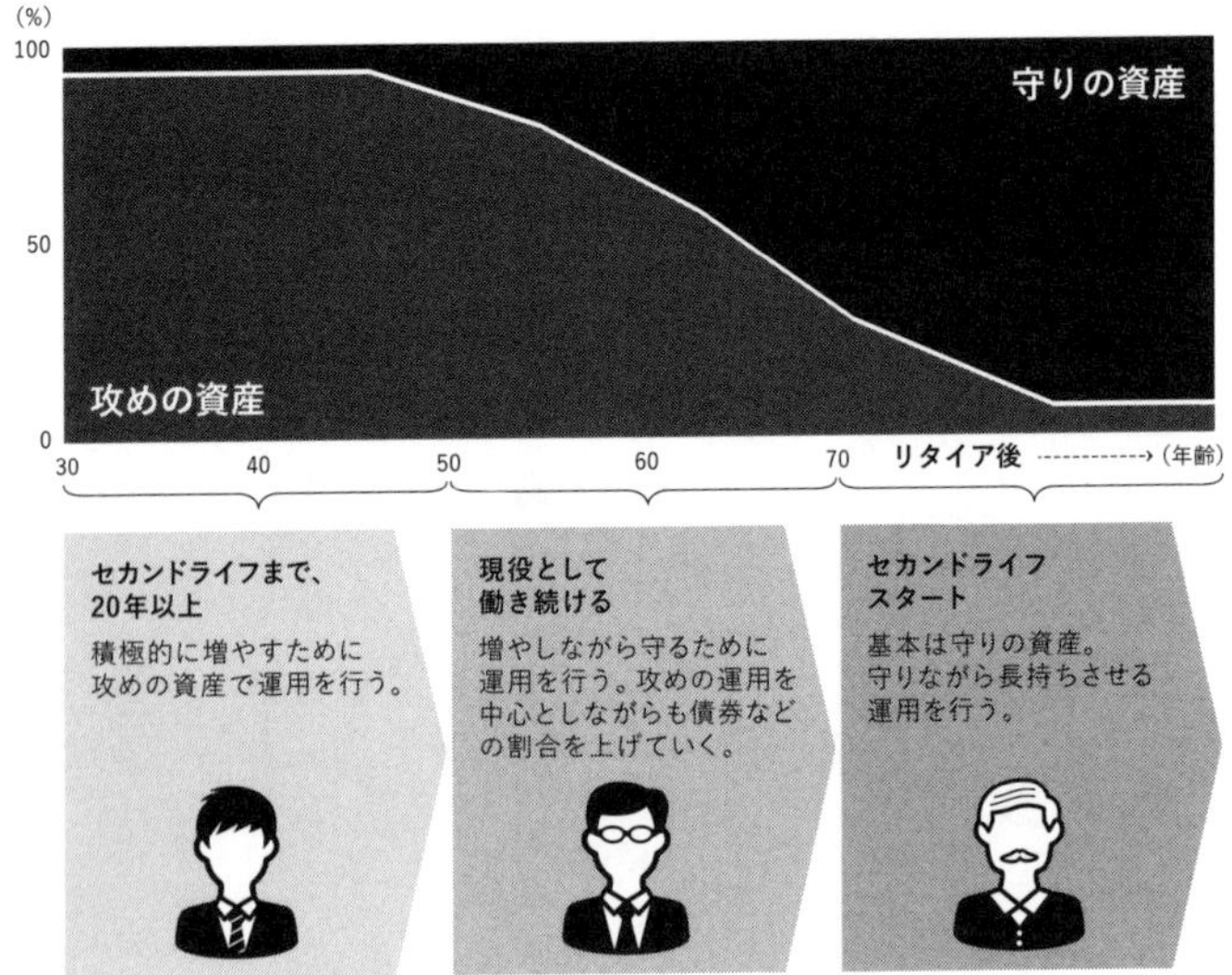

100
50
0
守りの資産
攻めの資産
30
40
50
60
70
リタイア後

セカンドライフまで、20年以上
積極的に増やすために攻めの資産で運用を行う。
現役として働き続ける
増やしながら守るために運用を行う。攻めの運用を中心としながらも債券などの割合を上げていく。
セカンドライフスタート
基本は守りの資産。守りながら長持ちさせる運用を行う。

年齢に応じて、資産配分も変えていく

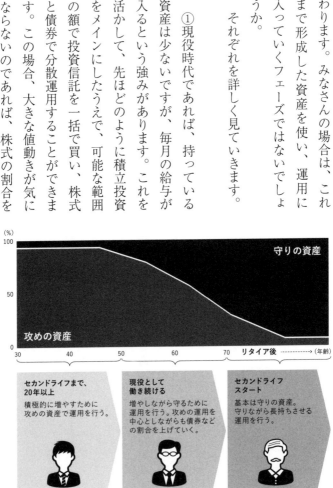

大きくすることで資産形成のスピードが上がります。他方、2～3年以内に使うお金や生活資金などは現預金にしておくなど、お金の色分けをハッキリさせておきましょう。また、この世代は自分自身への投資を行うことが効率的です。稼ぐ力を強化するため、自己研鑽にお金を使うことも検討できる年代です。

②50～70歳であれば、徐々に債券などリスクを抑えた運用先の割合を増やしていきましょう。それなりの資産がある場合は、投資信託で運用するのに加えて一括で現物の債券を買うことも1つの手です。

さらに、③70歳を迎えるころには、ご自身のために資産を使っていくのか、次の世代に資産を残していくのかをある程度、考え始めるころです。目的によって運用するポートフォリオを変えましょう。セカンドライフの生活を楽しむため、また利息収入を増やすために債券の割合を増やしたり、年金が出ない月に分配金がもらえる隔月型の投資信託で資産を取り崩しながら運用していきます。

また、楽天証券では分配金の出ない投資信託でも定期売却という少しずつ自動的に投資信託を売却してくれるシステムもありますので、このような機能を活用するのもありでしょう。一方で、次世代に残すことを考える方は複利で資産を増やしていくプランを中心に検討して、ポートフォリオを考えましょう。このように、年齢や目的によって戦略を変えることも、資産運用を長続きさせるコツです。

どのような投資信託を選べばいいのか？

ここまで、コア投資の3つの分散、ゴールベース運用、ポートフォリオの組み方に関して、お伝えしてきました。ここから実際の投資信託の選び方、注意点についてもアドバイスします。

インデックスファンドとアクティブファンドの選び方とは

まずは、インデックスファンドとアクティブファンドについてです。

投資信託には日経平均株価やNYダウなど、各種指数に連動する運用成果を目指す「インデックス型」と、ファンドマネージャーが運用対象を選び、インデックスを超える運用成果を目指す「アクティブ型」にわかれます。一般的にインデックス型は運用の仕組みがシンプルなので購入時や保有時のコストが安く、アクティブ型は運用に手間がかかるのでコストは高くなります。

よくある資産運用の指南書では、低コストのインデックスファンドがお勧めで、高コストのアクティブファンドは持つべきではない、という論調が目立ちます。実際、アクティブファンドの運用成績はインデックスファンドに劣るものが多く、アクティブファンドの8割はインデックスファンド以下のパフォーマンスしかあげていません。実際、10年以上日本株を運用している国内株式型の投資信託は、486件ありました（2021年4月末時点）。そのうち81件が日経平均株価を超える成績を出していました。割合で言うと16・6％です。

高いコストを払っているにもかかわらず、パフォーマンスもインデックスファンドに敵わないとなれば、確かに買う意味がありません。ですから、無難にインデックスファンドを選ぶのもありでしょう。ただし、先ほど挙げたキャピタル世界株式ファンドのように、高いパフォーマンスを実現しているアクティブファンドがあることも事実で、インデックスファンドに勝っている2割の商品を見つけて買うことは、決して悪い戦略ではありません。コスト以上の運用成績を実現しているのなら、まったく問題はありません。大切なのは、下図の運用成績が悪いアクティブファンドBではなく、運用成績が良いアクティブファンドAのような投資信託を選べるかどうかです。

私自身のチェックするポイントは、5年以上の期間で運用実績を出しているかどうかと、純資産残高が継続的に減っていないこと、そしてカリスマファンドマネージャーが運用するファンドは避ける、の3点です。3点目に関しては、そのファンドマネージャーが退職してしまったり、運用理論が通じなくなると成績は急

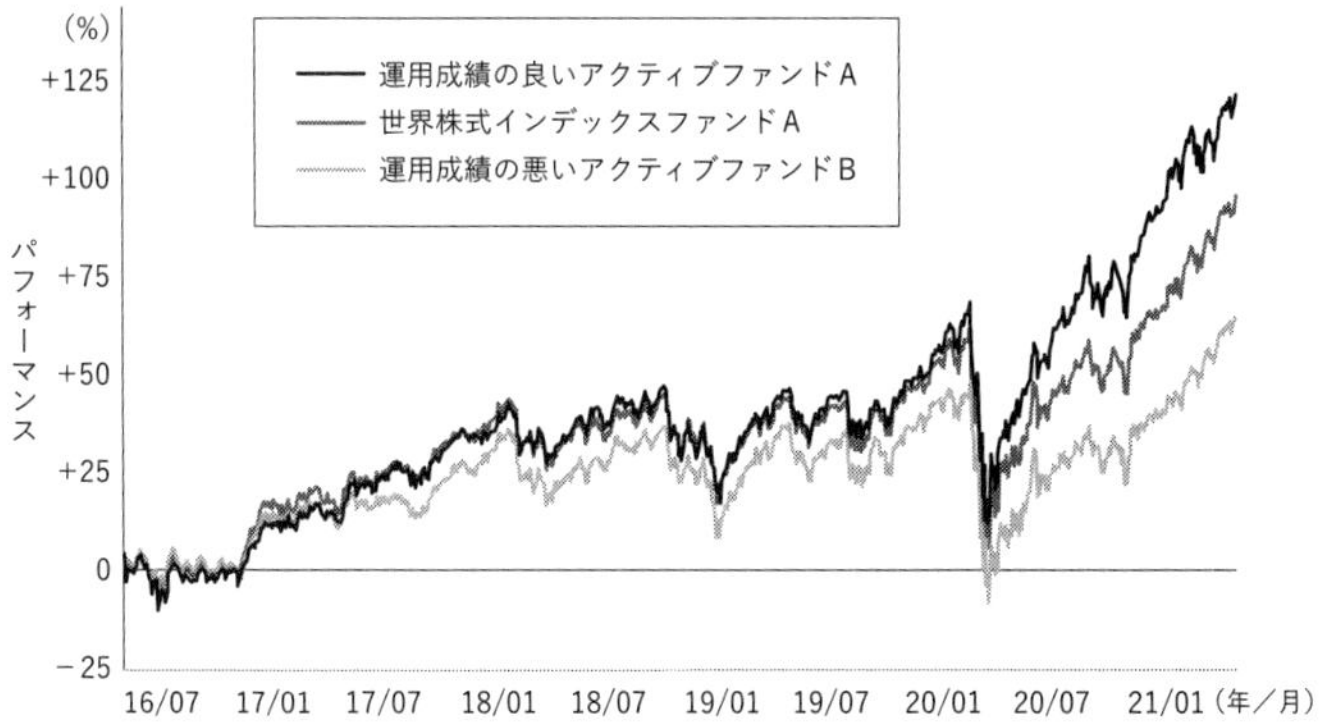

出所：バリューアドバイザーズ作成

インデックスファンドとアクティブファンドの比較

降下していくこともありますが、チーム体制で運用していると、そういった心配は基本ありません。5年以上の運用期間の実績や投資信託の運用実績評価は、楽天証券やモーニングスターというサイトで確認することができます。

また、よくある誤解として、インデックスファンドが低リスクでアクティブファンドが高リスクという誤解があります。

前ページの図の通り、世界株式で運用するインデックスファンドもアクティブファンドも世界株式が下がれば、同じように下がりますし、世界株式市場が上がれば上がります。あくまで市場の平均に連動するように作られているのがインデックスファンド、その平均を超える運用を目指すのがアクティブファンドです。

株式の投資信託の選び方

株式を対象にした商品でも、国内株、先進国、新興国、これらのミックスがありますが、全世界を対象にしたものを選びましょうというのが私の見解です。

先述したように、全世界のＧＤＰは上昇すると予想されていますから、その流れに乗るものをチョイスするのが自然な流れでしょう。どこかに1か国、例えばここではベトナムにしましょう。ベトナム株でのみ運用をして、もしその国の株価が伸びなかったら、せっかく資産運用をしていても残念な結果になってしまいます。これが2、3か国に増えたとしても、あまり分散効果は得られません。しかし、全世界で運用すれば世界中の経済成長、つまりGDPの伸びにそって株価の上昇が見込めます。

残念ながら、日本のGDPは500兆円くらいから横ばいで、少子高齢化や人口減の影響も深刻で今後の伸びには期待できません。日本に住んでいるから日本株を応援したい気持ちはわかりますが、日本株だけで資産運用するのはナンセンスであり、基本的には全世界株などの投資信託で運用することをお勧めします。

ここでよく米国株式だけでいいのではないかという意見も聞きますが、何もご自身の大切な資金を米国のみのリスクに晒す必要はないと考えています。もちろん、確率としては米国が今後も世界の経済成長をけん引する市場となる可能性は高いです。しかし、過去の株式市場を振り返ると、米国株式が長い間伸び悩んでいた時期もありました。私たちは株式では銘柄だけでなく、国の分散も大切だと考えているので、世界中の株式をパックにしている全世界株式を中心にした運用を推奨しています。

インデックスファンドかアクティブファンドのどちらかを、個人の判断で選ぶとしたら前者にしておくのが無難です。先にお伝えしましたが、アクティブファンドの約85％は成績が悪く、損をする確率が高いからです。強いて言うなら、ご自身にプロ並みの目利き力があったり、身近に運用のアドバイザーがいるのであれば、優秀なアクティブファンドを選んでもいいかもしれません。「アクティブファンドはコストが高い」といわれますが、それ以上のパフォーマンスが出ているなら、まったく問題はありません。なぜなら、投資家の目的はコストを安くすることが目的ではなくて、運用成果を得てご自身の運用目的を達成するほうが大事だからです。言うまでもなく、運用成果の悪いアクティブファンドにはコストを払う必要はありません。

なお、10年以上積み立てる時間があるなら、全世界株に加えて、日本株を検討してもいいでしょう。ただし、みなさんが知っているような大きな会社ではなく、中小型株を対象にした投資信託を活用すると高いリターンを期待できます。中小型株とは、上場しているけど、そこまで規模が大きくない中堅の会社や小さな会社の株です。

大型株は業績が安定しているので値動きも激しくないところが魅力的ですが、急激な上昇は期待できません。対して中小型株は順調に成長すると大幅な株価上昇が期待できます。ただし、変動幅が大きいので資産形成期の方や、それなりのリスクが許容できる方にのみ向いた商品です。

また、こうした商品は一括購入することをお勧めできません。中小型株は大きな上昇が見込める一方で大きな下落をする時期もあるからです。一括で買った後に大幅な下落があると目もあてられない事態になってしまいます。しかし、積立投資なら、大きく下がったとしても、毎月定額で買い付けるので、安い時は多くの口数を買うことができ、購入平均単価を下げて利益が出やすくなる、「ドルコスト平均法」が実現します。

債券の投資信託の選び方

債券が対象の投資信託ですが、日本国債の債券投資は運用リスクを抑えることはできても、ほとんど金利が出ません。資産運用をしたはずなのにリターンがないという、あってはならない事態に陥る可能性があります。

例えば、「ダイワ日本国債ファンド」という、日本の国債で運用する投資信託があります。資産運用額が1000億を超える人気の投資信託です。日本国債に金利がある程度付いていた時は安定した運用ができて、とても良い投資信託でしたが、現状では日本の金融政策の影響もあり、最終的な利回りがゼロになっています。さらに0・77%の管理費用がかかるので、実質は持っているとマイナスです。他にも同様の投資信託は数多くあり、こういう投資信託は「水没投信」と呼ばれています。もちろん、水没投信を買ってはいけません。今はポートフォリオを組むにしても国内債券は外し、為替ヘッジ付きの外国債券の投資信託にしましょう。為替ヘッジというのは円高になっても投資信託の値段が下がらないようにすることができる機能が付いた投資信託とイメージするとわかりやすいかと思います。

為替の変動が気にならないようでしたら、為替ヘッジがついていない海外の債券で運用する投資信託は検討に値するでしょう。

ただし、米国をはじめ海外の債券も金利が下がったり、各国の金融政策で今後どうなっていくかは不透明なところがあります。

株式・債券の投資信託の注意点

投資信託自体にもリスクはあります。例えば、株式の投資信託であれば、投資先企業の株価が下落すると投資信託の基準価額が下落する「価格変動リスク」があります。この「価格変動リスク」は債券型の投資信託にもあり、世の中の金利が上昇すると債券価格は下落する傾向にあります。

海外の株式・債券を組み入れている投資信託は、株式や債券の価格は変わらなくても、為替相場が円高になると基準価額が下落する「為替リスク」には要注意です。また、株式や債券の発行会社が財政難や経営不振などの理由により、利息や償還金の支払い不能や倒産に陥り、運用資金が回収できなくなる「信用リスク」もつきまとうことを忘れてはいけません。需給に応じて希望する価格で売買できない「流動性リスク」もあります。こうしたリスクを理解したうえで商品を選び、資金を投じることです。

リバランスの重要性

運用中のリスクを抑えたり、期待通りの運用を続けるには、投資信託の「リバランス」も大切です。中、上級者向けなので、難しいと感じる方は読み飛ばしていただいても構いません。基本的に3つの分散投資をすれば問題ないのですが、さらに安定した運用と運用成果を上げるためには必要な手法です。

リバランスとは、運用での資産配分が当初の割合から変わってきた際、元の状態に戻すことを指します。

例えば、1000万円の資金を使い、株式と債券を500万円ずつ持っていた場合。その後、株式の資産価値が上昇して資産が1200万円になったとします。その割合が株式60％：債券40％、つまり株式の資産価値が720万円、債券の資産価値が

480万円になったとします。もし、ここで株式の価値が半分になるような大暴落が起きると、60％の半分である30％（360万円）も資産を減らすことになり、これは大打撃になりかねません。

資産配分が変わると運用のリスクも変わってきます。こうした事態を避けるためにリバランスが必要なのです。この場合は株式を120万円売却して、債券を120万円購入すると、それぞれの保有額が600万円になり、割合が元に戻ります。

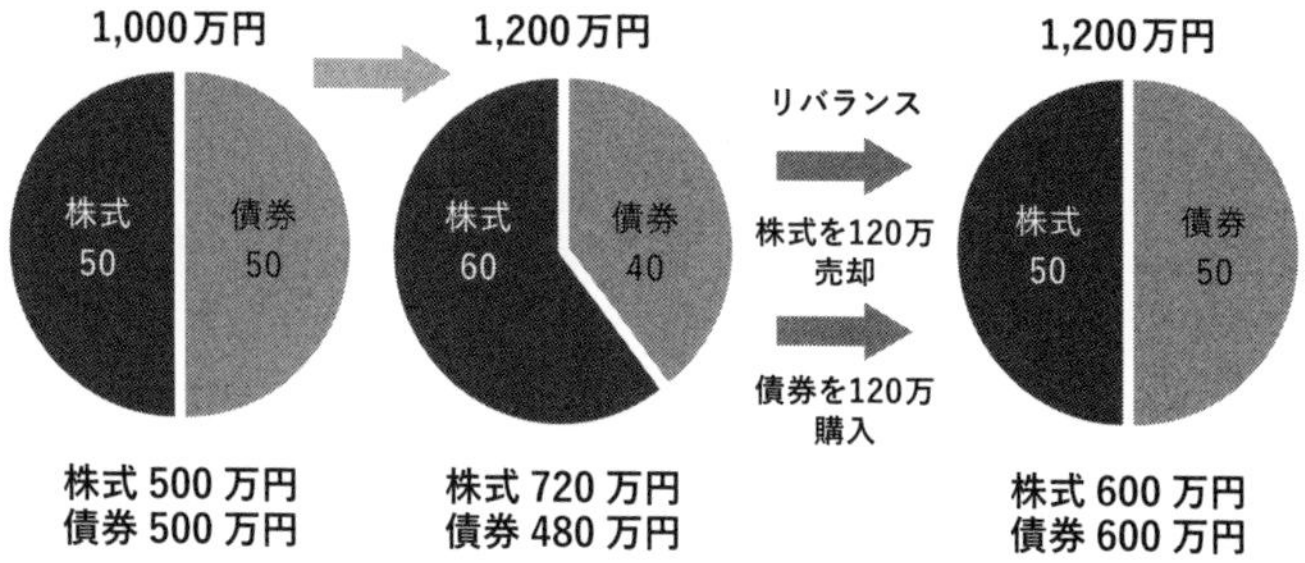

リバランスとは？

このようなリバランスをしておけば、株式600万円が大暴落により、半分になったとすると300万円分のマイナスとなり、リバランスをしなかった時よりも60万円も損失を抑えられます。わかりやすく半分になる想定で説明をしましたが、半分になることは滅多にありませんので、ご安心ください。世界の株が1年で半分になったのは、100年に1度の危機といわれたリーマンショックの時くらいです。ただし、20～30％の下げでもリバランスは有効です。

また、逆の場合も同様です。株式の資産価値が下がり、株式40％：債券60％の割合になると、後に株価が上昇しても、4割しか持っていないので値上がり益の恩恵が当初よりも少なくなります。ならば、債券を売って株式を買うリバランスを行い、次の株価上昇に備えておくべきです。

安定的な運用をするためにはリバランスは必須のメンテナンスです。本来であれば、年に1回はしておくべきでしょう。50代以上でセカンドライフが近く、安定的な運用をする必要がある人ほど、徹底してほしいと思います。

ところが、株式相場が下落すると怖くなって株式型の投資信託を手放して、あまり下がらない債券のほうが安心だと考え、債券を買ってしまったりします。リバランスとは逆の行動をとってしまう投資家は非常に多いです。確かに、暴落中にどこまで下がるかわからないのに株を買うなんてことは、なかなかできることではありません。このような時は是非、本書の内容を思い出していただいて、勇気を持ってリバランスしていただければと思います。

コラム③ 投資教育について

「利回り10％」「絶対に儲かります」など、ありもしない投資話に引っ掛かり、騙される人が後を絶ちません。もちろん、詐欺は騙すほうが圧倒的に悪いのですが、マネーリテラシーが身についていれば疑うこともできたのに、と残念な思いがあります。

欧米では義務教育の段階からお金の勉強を始めるなど、早期の投資教育が根付いています。幼少のころから正しい知識を養うからこそ、投資は稼ぐためだけではなく、生活を守り豊かにするために当たり前に行うという意識が育つのでしょう。米国であれば日本と違って医療費は全額自己負担で、保険や運用でカバーしないとリスクに備えることができません。こうした違いもあるからこそ、投資教育に熱心なのでしょう。いよいよ2022年から日本でも金融教育が始まります。賛否両論ありますが、私は非常に良いことだと思います。日本人にもマネーリテラシーが広がっていく、大きな一歩ではないでしょうか。

現在の日本ではお金に対してネガティブなイメージを抱く人は多いです。
ですが、お金の本質とは「信用」であり、かつては石や貝殻、現在は紙に価値があるのは、時の権力者や政府が「信用」というお墨付きを与え、みんなが価値のあるものだと「信用」しているからです。

信用を積み上げるのは決して悪いことではなく、積み上げることで融資なども受けられるわけです。反対に信用がない人はクレジットカードが作れなかったり、住宅ローンを組めないという問題も起こります。お金は生きるために大切なもので、大切な人を守ったり、人生を充実させるために使ったり、自身や家族が安心して過ごすという目的を達成するのに必須な手段です。だからこそ、お金に振り回されず賢く使いこなすための教育は、日本でも広めていくべきでしょう。

お金の知識を養うことができるゲームもあります。「人生ゲーム」は鉄板ですし、米国で生まれたボードゲームの「モノポリー」も土地や鉄道を買収して、家やホテルなどを建てて資産を増やすという内容で、楽しみながらお金の本質や投資の基本を学ぶことができます。特に、お子さんと一緒に遊ぶのはお勧めです。

私自身は父親が株式投資をしていて、幼いころから配当金や株主優待のことを知っていたので、「危ない」などネガティブな印象を持ったことはありません。「資本主義社会にいて株式投資をしないのは、宝の山に入って財宝を持ち帰らないのと同じこと」というのが父親の持論でしたが、今でもそう言われたことをはっきり覚えています。ですから、株式投資が始められる年齢になるのが待ち遠しく、解禁とともに口座を開きました（笑）。

一方で我が家はお金に厳しい家庭で、決められたお小遣いでやりくりするのが基本。足りないからといって追加でもらえることはありませんでした。そうしたなか、私もやりくり上手になる必要があり、いつからか「マンガ用」

「服用」など、目的別の封筒で管理するようになり、持っている分に応じた使い方を覚えていったように思います。お金に対して厳しくするという親の方針には今でも感謝しています。

ですから、みなさんもお金について学ぶと同時に、お子さんにもお金や投資の仕組みを教えていただきたいと思います。それを理解することで正しくお金を使い、運用できる大人に育ち、詐欺話に騙されることもなくなります。運用を理解して実践すれば、生涯で手にするお金が増える可能性もあります。

当社としても投資教育はとても重要だと考えていて、今後は企業の社員向けにセミナーを開催したいと考えています。企業としては福利厚生になり、資産運用を始める従業員が増えて豊かになれば、お金がらみのトラブルは減り、離職率低下にもつながると思います。研修で学んだことを家庭に持ち帰りお子さんにも教えると、より効果的です。「金融で日本（ニッポン）を元気に」というビジョンを実現するためには、コア投資の提供以外に、こうした研修も重要だと考えています。

第4章

投資に失敗しないためのケーススタディ

人は、合理的に行動できない？

本章では、当社のアドバイスを通じてコア投資を中心とした資産運用を実践し、セカンドライフの資金やお子さんへの相続といった悩みを解決した方の、ケーススタディを紹介します。

いずれも実際に当社へご相談にいらっしゃったお客様で、私たちの提案にお喜びいただき、今も引き続きサポートさせていただいています。なお、お客様のプライバシーを考慮して、事例にはアレンジを加えています。是非、この4章の事例をご自身の状況に近いものはないか確認し、みなさんの資産運用にお役立ていただければ幸いです。

また、これら事例では「行動経済学」の視点から、なぜ人は経済的に非合理な行動を取るのかについても言及し、それを解決できるのがゴールベースに基づいたコア投資だということもご説明したいと思います。

ご存じの方もいらっしゃるかもしれませんが、行動経済学とは、経済学に心理学を組み合わせた研究手法で、ビジネスなどさまざまな分野で活用されています。

行動経済学は、投資をする際の人間の心理的な傾向を分析・把握したうえで理論的に体系化し、どういう意思決定をすれば人は幸せになるかを教えてくれます。その際、「人は常に合理的な選択をするわけではなく、感情により不合理な意思決定や行動をする」という前提を理解することが大切です。

例えばみなさんも、日常生活で次のような経験をしたことはないでしょうか。

・限定品や残り○個という商品を購入してしまう
・行かないジムの月会費を払い続けてしまう
・健康に悪いとわかっていても間食をやめられない

本来であれば合理的に対処すべきことであっても、「今回だけは特別」「面倒だから」「いやなことは先送りにしたい」といった気持ちに負けてしまい、非合理なことをしてしまう。これが人間の特性です。これを理解したうえで正しい方向に導くのが行動経済学であり、そこにはさまざまな理論があります。

行動経済学でよく知られているのが「プロスペクト理論」です。人は損失を過大に評価する傾向があり、実際の損得と心理的な損得は一致しないという考え方です。

例えば、次の選択肢があれば、みなさんはどちらを選ぶでしょうか。

A：100％の確率で100万円得します

B：80％の確率で125万円得します（20％の確率で何も得しません）

この場合、おそらく多くの人がAを選ぶことでしょう。当社が開催しているセミナーでも、この質問をするとAを選ぶ方が多いです。これはもらえるかどうかわからない125万円よりも確実に100万円をもらえる方を選びたいと考えるからです。

では、次のような質問ではどちらを選ぶでしょうか。

A：100％の確率で100万円損します

B：80％の確率で125万円損します（20％の確率で何も損しません）

多くの方がBを選択されるのではないでしょうか。ここでは、確実に損するよりも、損する金額は上がるかもしれないが、損しない可能性も20％あるため、一縷の望みをかけてBを選ばれるのでしょう。

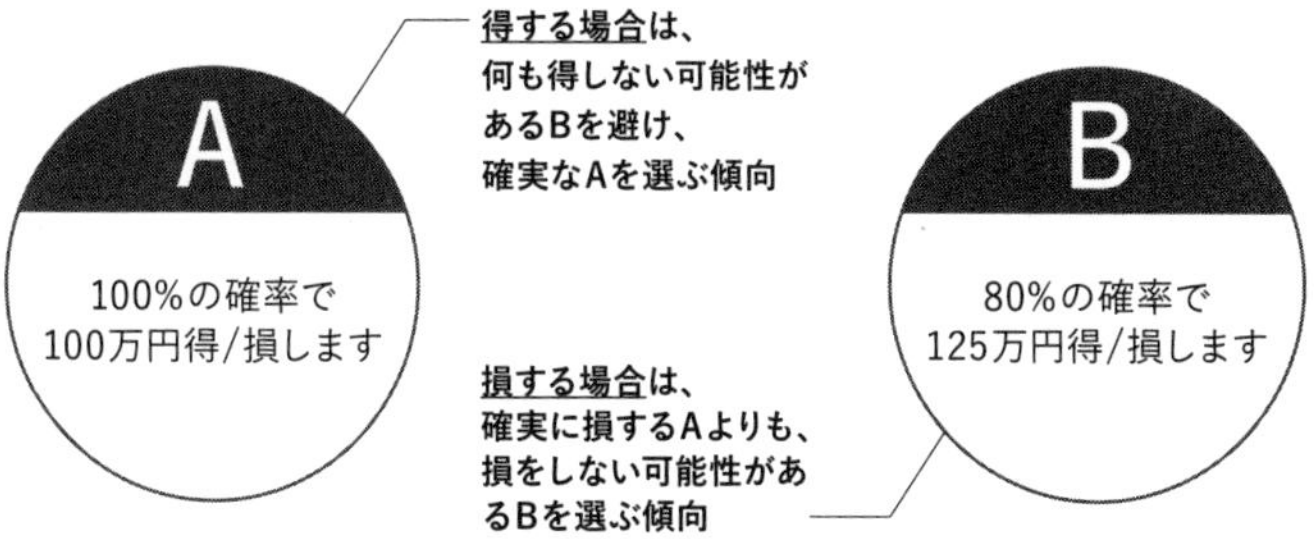
得する場合は、
何も得しない可能性があるBを避け、
確実なAを選ぶ傾向
A
100%の確率で
100万円得/損します
B
80%の確率で
125万円得/損します
損する場合は、
確実に損するAよりも、
損をしない可能性があるBを選ぶ傾向

人間は「**損を避けたい**」意識が先行しがち。
特性を知ったうえで、**リスクとうまく付き合う方法**を見つけましょう！

プロスペクト理論とは？①

利益も損も同様に考えて合理的に考えられる人は、問1の時にAを選んでいたら、問2でもAを選ぶはずです。ところが、多くの方が問1と問2で違う行動を取ってしまいます。当社のセミナーでは8割くらいの方が問1でAを選び、問2でBを選ばれていました。

ここからわかるのは、人は「損を避けたい」との意識には過剰に反応して、時に不合理な行動をとることです。こういった特性を知ったうえで、資産運用に関してもリスクと付き合わないといけません。資産運用でも自分自身では気付かないうちに不合理な行動を取ってしまっていることもあるかもしれません。

プロスペクト理論を資産運用に置き換えてみましょう。

例えば、ある個別株の値動きが次ページの図のように推移する場合、いずれかのミスをしたことがある方もいらっしゃるのではないでしょうか。

まずは上昇局面。本来であれば価格が反転下落するまで持っておけばいいのに、「そろそろ値段が下がるかも」と考え、早々に利益を確定することに……。損を恐れるあまり、その先の収益機会を損失してしまいます（失敗1）。

最もよくしてしまうミスが「失敗2」です。いったん100万円まで含み益は膨らみ、後に価格が下がり始めましたが、「いったん100万円まで行ったから、そのうち戻るはず。また、次に100万円の利益が出たら売却しよう」と希望的観測を持ってしまい、なかなか売却できないのです。しかし、その後、値段がみるみる下がって、かなり少なくなった利益で利益がなくなる前にしょうがなく売却してしまうというのも、よくあるパターンです。本来であれば、

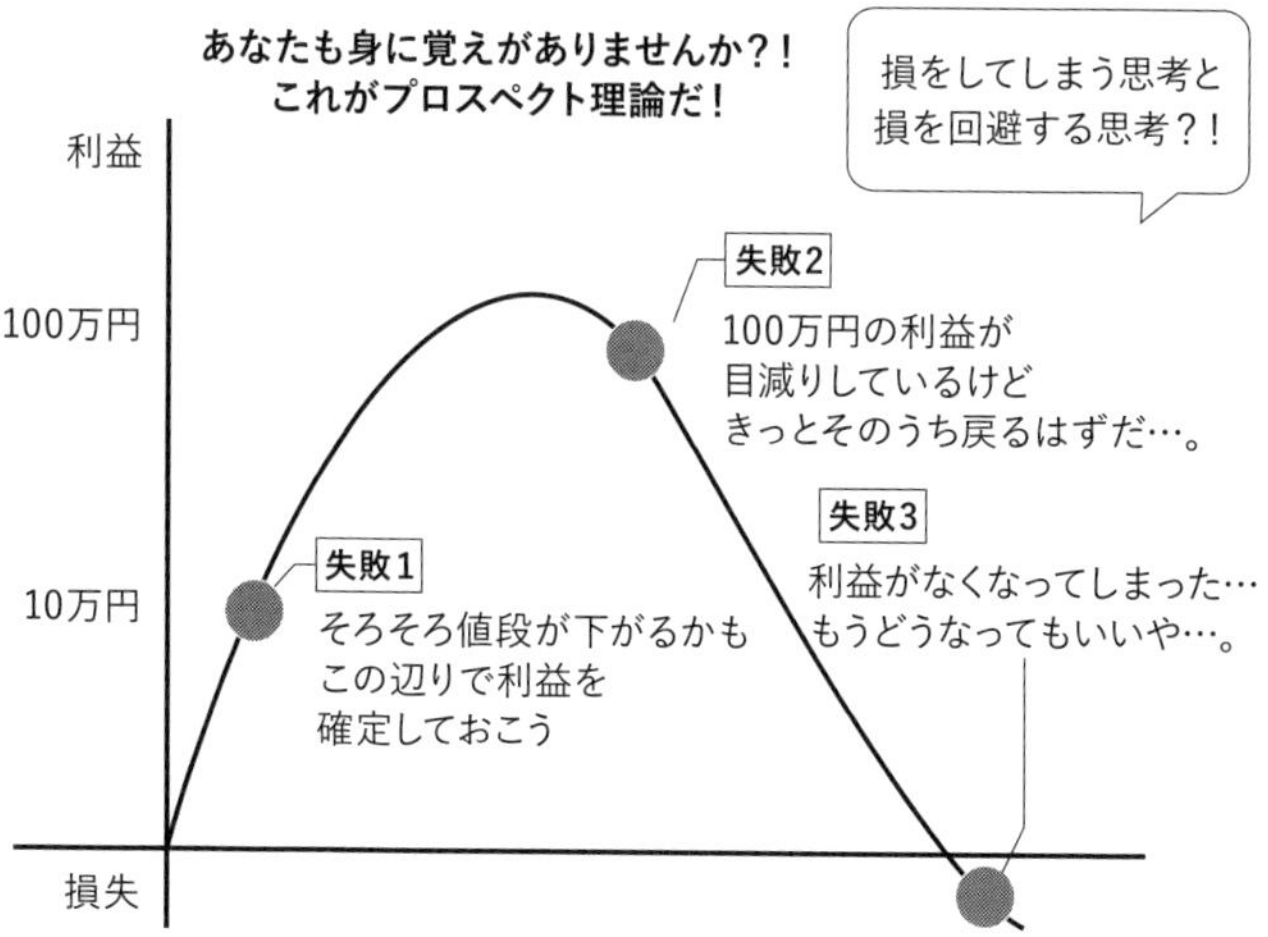
あなたも身に覚えがありませんか？！
これがプロスペクト理論だ！
損をしてしまう思考と
損を回避する思考？！
利益
100万円
10万円
損失
失敗1
そろそろ値段が下がるかも
この辺りで利益を
確定しておこう
失敗2
100万円の利益が
目減りしているけど
きっとそのうち戻るはずだ…。
失敗3
利益がなくなってしまった…
もうどうなってもいいや…。

プロスペクト理論とは？②

価格の潮目は変わっているので、この時点で利益を確定しておくべきです。「少しでも得したい」「なるべく損したくない」という思いが、合理的な判断を妨げます。

次のフェーズが「失敗3」になります。このタイミングで売れずにさらに値段が下がってしまい、ついには含み損を抱えた時に、「もうどうなってもいい」「いつか戻るだろう」「この株は見ないことにしよう」とあきらめ、適切な損切りができないのです。損失を確定したくないあまり、現実から目を背けます。そうすると、さらに株価が下がっていき、「損したくない」「また元に戻る」といった考えから、売却できずに、大きく損が出た株を放置している、いわゆる塩漬け株の完成です。

このように目先の損得に振り回され、合理的な行動や判断ができなくなるのが、私たち人間です。ウォール街の著名な元ストラテジストであるボブ・ファレル氏も「マーケットの10のルール」でこのように述べています。

「恐れ」や「強欲」、それらに基づく判断は、長期の視点に立つ判断に勝りがちである。

行動経済学をもとに冷静に分析すればリスクを回避しやすくなるような行動変容を起こすことができます。ただし、これは個別株の事例ですので、下がっても将来的に値上がりが期待できる全世界株式で運用する投資信託を保有している場合は、保有してさえいればいいので、このようなプロスペクト理論は回避できます。しっかりと事前に運用先などの運用プランを考え対策をとることで、不合理な行動で損をしてしまうことを避けることもできます。

彼を知り己を知れば百戦殆《あやう》からず

という孫子の残した言葉がありますが、投資先の特徴を知り、行動経済学を学ぶことはまさに「戦う前に勝つ」ことにつながるのではないかと思います。

これから、実際の会話を体感いただけるような形で5つのケーススタディを紹介していきます。それぞれ最後に「行動経済学の視点」を記載しましたので、ご自身に当てはまることがないか確認しながら、運用を疑似体験していただき、実際にご自身が運用する時に失敗しないためのご参考になれば幸いです。

ケース①
今の生活水準を変えずに、セカンドライフも充実させたい

【相談者プロフィール】

坂本雄二さん（62歳）　会社員（元公務員）

■ご家族

妻　幸子さん（58歳）

※いずれも仮名

【相談前の資産構成】

■保有資産

普通預金・定期預金　7000万円

株式　1000万円

不動産（自己居住）　3000万円

不動産（投資用）　6000万円

坂本さんの課題は？

坂本さんは元公務員で、定年退職後は知人の紹介で会社員として働く60代の男性。妻の幸子さんは現役の公務員です。そんな坂本さんが「セカンドライフも見据えた資産運用のアドバイスをしてください」と当社を訪れたのは、2年前のことでした。日経新聞の記事をきっかけに当社をお知りいただいたそうです。

さっそく問診票に現在の収入や保有資産、運用経験の有無をご記入いただいたところ、個別株や投資信託の経験が20年以上あるとのこと。ところが資産は順調に伸びていかなかったようです。現在の保有商品を見て、これはもしやと思い、「もしかして、金融機関の担当者に勧められるまま買っていませんか？」と尋ねたところ、次のようなお返事が……。

「その通りです。個別株は儲けたこともありますが、いくつかは塩漬けになっています。投資信託も新商品や話題の商品が出る度に勧められ興味本位で買っていますが、全体では損をしています。そんなことを繰り返すうちに、セカンドライフの生活費まで失ってしまうかもしれないと怖くなり、金融機関ではなく独立した立場からアドバイスしてくれる方に一度相談したいと思ったんです」

現役時代の預貯金や坂本さんの退職金により、現預金は7000万円。投資用不動産はローンが残っていましたが、数年前に亡くなった親の相続資産のおかげで完済することができました。さらに数年後には幸子さんの退職金も入ります。そうすると一見セカンドライフの暮らしに心配はなさそうです。

「今ある資産と年金で暮らしていけるのでは？」と率直に聞くと、お2人は大の旅行好きで、少なくとも年に2回は豪華な海外・国内旅行に出かけていて、幸子さんが定年退職をしたら、もっと回数を増やしたいということでした。普段の生活もアッパー志向で、月の生活費は50万円を下らないとのことです。

そこで提案したのが「ご夫婦がセカンドライフを迎えた後、今と同じ生活水準だと、年間で800万円は必要で、年金と預貯金だけでは10年程しかもちません。かといって、一度きりの人生でせっかくの楽しみを削り、生活水準を落とすようなことはしたくないと思います。そこで、現在ある資産を運用に回して生活収入の一部を利息で得ましょう」という考え方でした。

目指すべきゴール・ソリューション

坂本さんの場合は「○歳までに○○○万円」という、金額的な目標はありませんでした。まずは、セカンドライフを充実させる楽しみを利息で賄うために債券を中心とした安定的なポートフォリオを組みました。また債券は通常半年に一度、利息が出ます。しかし、その利息には20％の税金がかかり、100万円の利息が出た場合は20万円も税金として取られてしまいます。しかし、トータルで200万円ほど評価損の出ている株や投資信託のなかで、将来期待できないものの損切りを行うと、場合によって税金が戻ってきます。債券の利息で20万円税金がかかったとしても、株や投資信託で100万円の損を出すことにより20万円の税金が返ってくる、損益通算という制度があるのです。このように税金まで考慮した運用プランを実行しました。

過去の損失を取り戻すことはできませんが、これから利用できる制度を精一杯使うことが重要です。この際に「確定申告しないといけないのではないか」と坂本さんから不安の声がありましたが、証券会社の特定口座で源泉徴収ありという制度を選んでいる場合は、対象となる金融商品を同じ証券会社で保有していると、自動的に損益通算してくれて税金が戻ってきます。みなさんの口座が特定口座になっているか、そして、源泉徴収ありになっているかもチェックしてみると良いでしょう。

【相談後の資産構成】

■保有資産

普通預金・定期預金　1000万円

株式　500万円

投資信託　3000万円
債券　3500万円
不動産（自己居住）　3000万円
不動産（投資用）　6000万円

債券運用の利息は年間150万円で、これにより公的年金以外と家賃収入以外の収入源を確保した格好です。坂本さん自身も3年後には会社を退職する予定だったので、定期的な収入をつくる必要がありました。このプランに対しては「IFAの方に相談し、こんなに長期的なプランを考えていただき、これだけ運用効果が違うとは思いませんでした。ありがとうございます」と、お褒めの言葉をいただくことに。

ただし、坂本さんの運用ストーリーはこれで終わりではありません。最初のプランが落ち着いた時点で私から、「金額的なゴールを明確にしたほうが、攻めと守りの運用のバランスが取りやすくなります」と提案しました。すると、2人で相談して目標金額を決め、幸子さんの退職金の一部も運用に回して資産を増やしたいとのお返事をいただきました。

そこで、セカンドライフを充実させる資金ではなく、優良なサービスを提供する老人ホームに入るための資金として、現在の債券運用とは別に新しい運用資金をプラスして、複利で長期運用をしていきましょうと提案しました。目先のセカンドライフを充実させるための資金は年金、利息、不動産収入で賄えて、手元資金がなくなる不安も解消され、さらに、複利で運用する将来的な資金も確保することができたので、お2人は安心されたようです。

また、坂本さんからは「趣味で個別株は楽しみたい」というご要望もありました。これについては、「コア投資とは別にご自身の楽しみとして売買するのは構いません」とアドバイスしたところ、運用枠を減らして興味のある銘柄を保有し、売却益や配当金、株主優待を受け取っているようです。

現在は半年に一度定期面談を行い、生活費の変化や健康状態など日常生活全般を確認しながら、基本的なスタンスは継続しているところです。当社は資産運用についての課題は解決しますが、それ以外の健康や相続、税金などに関しては専門家と連携して相談にお答えしています。

坂本さんからも「金銭的な安心や豊かさを得ることができ、お金の問題が解決することで旅行の回数を増やすなど、夢が広がりました。困ったことがあると、すぐに相談できることにも満足しています」という感想をいただいています。実際、「付き合いのある証券会社から、こんな株を勧められましたが……」というご相談は、坂本さんに限らず他のお客様からもよく聞かれます。

資産運用を始める人へのアドバイス①

目先のセカンドライフを充実させるためには、定期的な利息収入が得られる債券を活用すると効果的です。次ページに楽天証券の債券を一覧で確認する方法を掲載していますので、参考にしてください。また、あまりお勧めはできませんが、商品や分配金支払いの仕組みをきちんと理解されたうえで、毎月分配金が出る投資信託を活用するのもありでしょう。

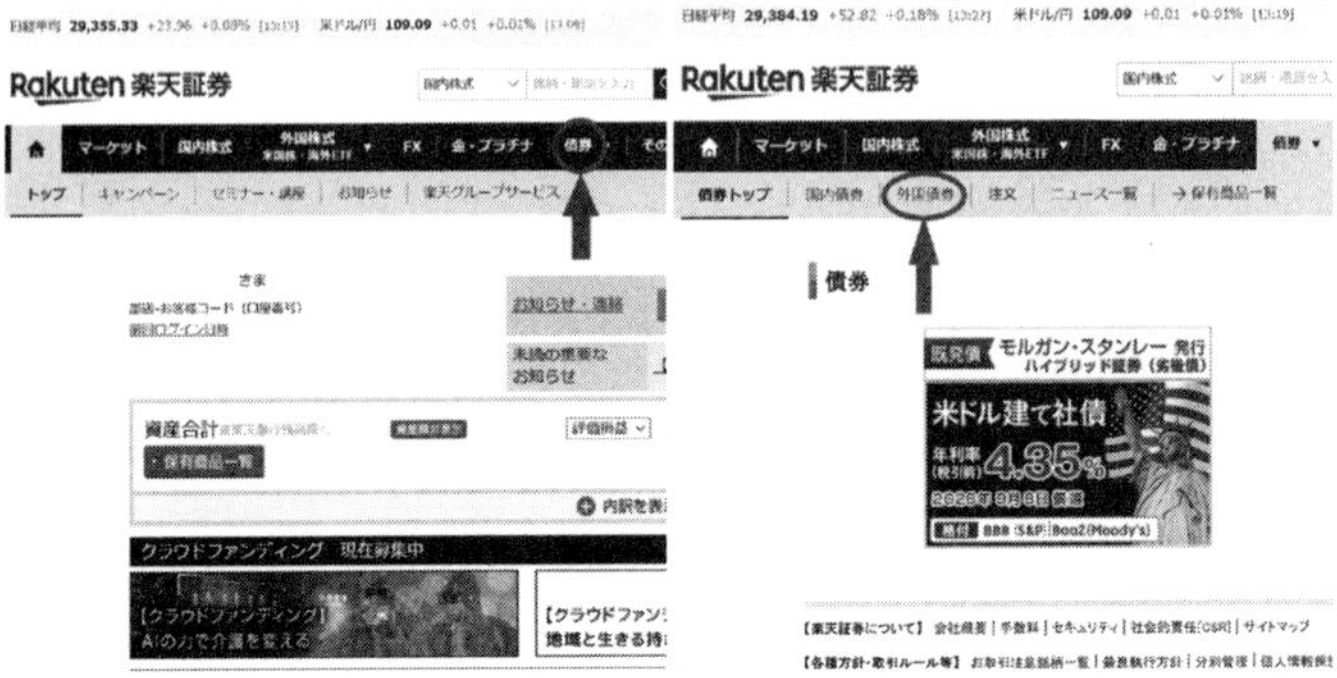

楽天証券債券ページ

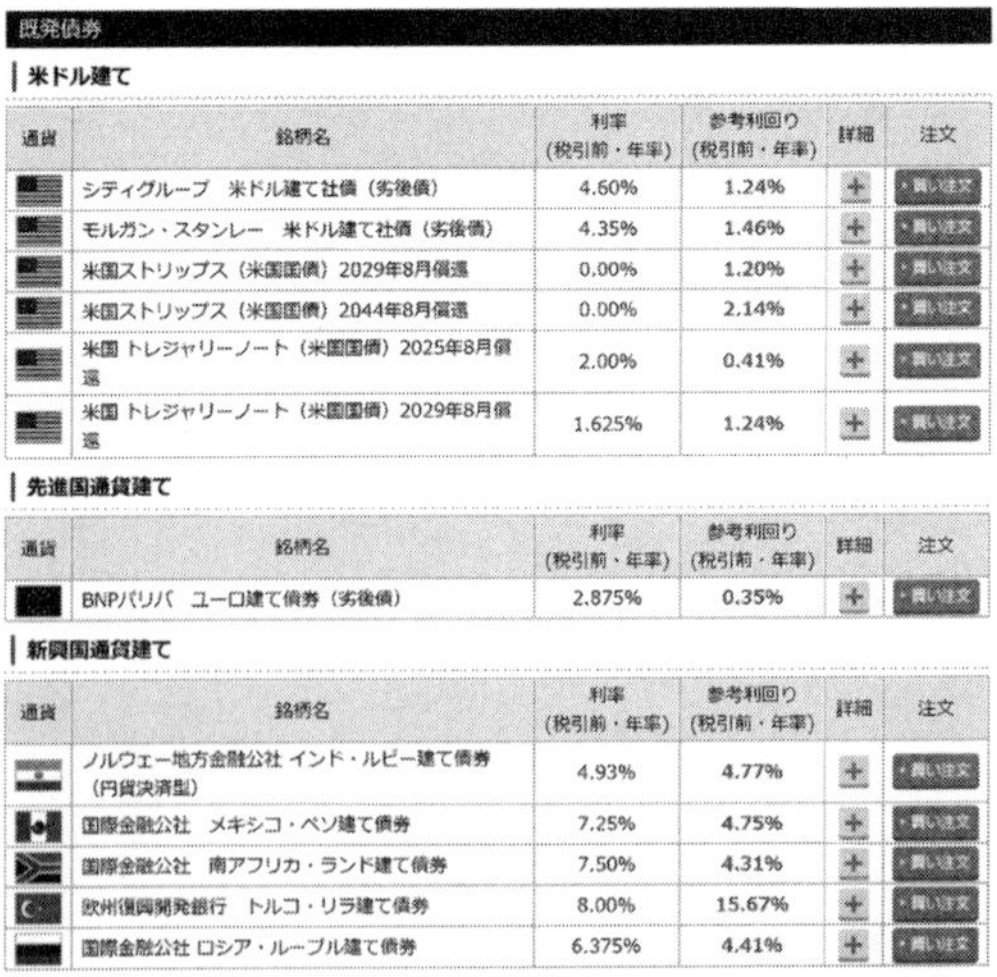

既発債券

米ドル建て

通貨	銘柄名	利率（税引前・年率）	参考利回り（税引前・年率）	詳細	注文
	シティグループ　米ドル建て社債（劣後債）	4.60%	1.24%	+	買い注文
	モルガン・スタンレー　米ドル建て社債（劣後債）	4.35%	1.46%	+	買い注文
	米国ストリップス（米国国債）2029年8月償還	0.00%	1.20%	+	買い注文
	米国ストリップス（米国国債）2044年8月償還	0.00%	2.14%	+	買い注文
	米国 トレジャリーノート（米国国債）2025年8月償還	2.00%	0.41%	+	買い注文
	米国 トレジャリーノート（米国国債）2029年8月償還	1.625%	1.24%	+	買い注文

先進国通貨建て

通貨	銘柄名	利率（税引前・年率）	参考利回り（税引前・年率）	詳細	注文
	BNPパリバ　ユーロ建て債券（劣後債）	2.875%	0.35%	+	買い注文

新興国通貨建て

通貨	銘柄名	利率（税引前・年率）	参考利回り（税引前・年率）	詳細	注文
	ノルウェー地方金融公社 インド・ルピー建て債券（円貨決済型）	4.93%	4.77%	+	買い注文
	国際金融公社　メキシコ・ペソ建て債券	7.25%	4.75%	+	買い注文
	国際金融公社　南アフリカ・ランド建て債券	7.50%	4.31%	+	買い注文
	欧州復興開発銀行　トルコ・リラ建て債券	8.00%	15.67%	+	買い注文
	国際金融公社 ロシア・ルーブル建て債券	6.375%	4.41%	+	買い注文

※数量に限りがあるため、お買付できない場合がございます。

→ 国内債券トップへ

債券の一例

行動経済学の視点から

含み損のある個別株や投資信託を持ち続けていたというのは、まさに、本章の冒頭にお話ししたプロスペクト理論に通じることです。坂本さんご自身も「損失を確定するのが怖くて、売るに売れませんでした」と、おっしゃっていました。本来であれば損失は先送りにしないでスパッと切り、次のチャンスを探るべきですが、合理的な行動ができなかったのは、「損を避けたい」という意識が先行したからです。ただし、これをきっかけに「専門家の意見を聞こう」という気持ちになっていただき、良かったのではないかと思います。

ケース②

夫から相続で得た資金で生活しながら、将来のリスクに備えたい

【相談者プロフィール】

北川久美子さん（52歳）　専業主婦

■ご家族

長女　智子さん（28）

次女　明子さん（25）

※いずれも仮名

【相談前の資産構成】

■保有資産

普通預金・定期預金　3000万円

株式　3000万円

不動産（自己居住）　7000万円

北川さんの課題は？

6年前に上場会社にお勤めの夫が病気でお亡くなりになった、専業主婦の北川さん。当社のセミナーに参加経験のあった長女の智子さんからの紹介により、お問い合わせいただきました。初回ヒアリング時には、次のようなことをおっしゃいました。

「ずっと専業主婦で、今から働いて稼ぐのは現実的ではないと娘から言われました。私自身もそう思っています。遺産を元手にこの先どれくらい続くかわからない人生だし、預金を取り崩すのは不安だし、生きていくには、どういった資産運用をすればいいか教えてほしいです」

当時の保有資産は、相続した現預金と元々保有していた現預金で3000万円、相続した株式が3000万円、資産価値7000万円の自宅です。生活費は月々20万円程度で遺族年金はありますが、それだけだと預金が取り崩されて不安ということでした。これに対して私は、「現在の金融資産と将来的に支給される年金を考慮し、どの程度まで資産が持続するか試算したうえ、運用で資産寿命を延ばす手段を考えましょう」とアドバイス。具体的な運用プランの提案に進むことになりました。

目指すべきゴール・ソリューション

北川さんの年金支給額は年160万円ほどで、それだけで暮らすのは厳しいということでした。また、夫から相続した個別株ですが、北川さん自身は運用に詳しいわけではなく、「個別株はよくわからないので、他の資産に換えて構いません」とのこと。そこで、まず預金の取り崩しになっている現状の不安を取り除くために、現預金の一部と株式の売却金から4000万円を使い、債券を運用し、年間で税引き後に約135万円入ってくるようなポートフォリオを組みました。これにより、預金の取り崩しはなくなり、ひと安心です。なぜ、遺族年金と合わせたら生活費以上の利息を受け取れるようにしたのかは後述します。残りの1000万円は将来のリスクに備えたいというご希望もあったので、目先の利息だけではなく、複利でしっかりと増やす部分もつくる必要があるなと考え、国内・先進国の株式・債券を対象にした投資信託で複利運用を目的としたポートフォリオを組みました。

【相談後の資産構成】

■保有資産
普通預金・定期預金　1000万円
投資信託　1000万円
債券　4000万円
不動産（自己居住）　7000万円

「目先の生活費を補うための債券の単利運用と将来も豊かに暮らすために投資信託での複利運用でどうですか」と伝えたところご快諾いただき、運用を始めることに。
実は相談時に北川さんがぽろっと「娘にも資産を残してあげたいな」ということを仰っていました。ただ、まずはご自身の今後の生活費の不安があり、どの程度娘さんに残せるのかが心配だったのでしょう。今回ご自身の生活費を取り崩す必要のないプランが確保できたことにより、2人の娘さんへの資産を残す対策にも着手しました。資産を残す場合は株や債券、投資信託よりも保険を使うことが効果的です。保険金は法定相続人1人当たり500万円までは非課税扱いになるので、約1000万円分の終身保険にもご加入いただくことにしました。

なお、この保険はドル建て保険で、死亡保険金が約9万ドル（1ドル110円で計算し約1000万円分）、年間保険料約5000ドルを10年間で払い込むというプランでした。トータルで5万ドル（約550万円）を払い込んで9万ドル（約1000万円）の保険金が下りるので、為替リスクがあるとはいえ悪い条件ではありませんでした。

ただし、毎年5000ドルの保険料を現預金から出すのは生活費を取り崩さないプランを作ったのに本末転倒です。そこで活用するのが、多めに受け取りを設定した債券の利息です。生活費より約55万円も多く利息を受け取っていたのは、この保険料を捻出するためです。結果、北川さんの手出しはなく保険料を納めることができます。

さらに、ドル建ての債券なので、ドルで受け取った利息をそのまま、ドルの保険料の支払いに充てることもできます。「資産を取り崩しせずに、保険料も運用から作りましょう」という言葉が、とても心強く響いたとご評価いただいています。

このように、北川さんの場合はご自身の現在の生活、将来の不安、お子さんに対する相続、という3つの課題に対して、多岐にわたる運用プランで解決に導くことができました。

資産運用を始める人へのアドバイス②

お子さんに資産を残したい場合、北川さんのように保険を活用するのも有効です。保険の場合は払い込んだ金額以上の保険金が戻ってくることが多く、さらに契約者が誰に保険金を残したいと受取人を指名することが可能です。ただし、マイナス金利時代といわれるほど極端に金利の低い昨今、円建ての生命保険ですと支払った保険料に対して、保険金が全然増えていないという状態になってしまいます。しかし、ドル建て保険ですと、為替のリスクも気にかかることだと思います。

そのような方のために今回のケースではドル建ての保険料を債券に組み込んだドル建ての社債の利息（ドル）で支払うことで為替変動による支払い保険料の変動リスクも抑えつつ、手元資金も残すことができるプランにしたのです。手元資金を残したまま、お子さんに資産を残したい方はドル建ての債券とドル建ての保険の組み合わせを是非検討してみてはいかがでしょうか。

行動経済学の視点から

北川さんは運用の経験がなく、いきなり夫から個別株を引き継いで、その扱いに困っていました。私からはインフレの話をお伝えし、「現金化して置いたままですと、10年後は価値が目減りしているかもしれません。どう思われますか？」と尋ねたら、「大きく増えなくてもいいですが、物価上昇に負けない程度で増えるくらいがいい」とお答えいただき、その運用プランを提示しました。そこでは期待リターンやリスクについて何度も丁寧にお話しし、北川さんも一歩ずつ理解を深めたようです。

一方、もしも我々のような資産運用の専門家がアドバイスしていなかったら、北川さんは金融機関の担当者に「これはみなさんに人気の銘柄なので持ち続けましょう」

「これは不人気銘柄なので、すぐ売ったほうがいいですよ」など、セールストークに乗せられるまま、相続した個別株の運用を続けていたかもしれません。このように、世間の流行りや周りの評判に振り回され、合理的な判断を下せないことを「バンドワゴン効果」と言います。

ケース③
法人の使わない預貯金の活用方法について知りたい

【相談者プロフィール】

加藤貴史さん（50歳）会社経営者　※仮名

■ご家族

独身

【相談前の資産構成】

■保有資産

預金8000万円

加藤さんの課題は？

30代で起業をした加藤さんは、仕事に全力を注いでいたこともあって現在は10名の従業員にお給料を出しながらも安定した利益を出せるまで会社を成長させてきました。

加藤さんの会社は在庫を抱える仕事ではなく、利益が残りやすい事業体系であるため、気付いた時には法人の預金に8000万円程貯まっていたということでした。今後、会社で大規模な事業投資をするような予定もないので、普通預金に置いておくことへのもったいなさを感じており、顧問の税理士に相談したところ、弊社を紹介され、ご相談に来られました。

まず、加藤さんにどのようなイメージで資産運用を行っていきたいのかをヒアリングさせていただきました。加藤さんは今までの努力の結果、事業が成功していることもあり、運用も自分の判断でうまくいくのではないかという思い込みも強い傾向にありました。しかし資産運用についてイチから説明し、リスクについてきちんと説明を行うと「従業員と共に育て上げた会社だから、やはりそんな振れ幅に晒されないほうが良いな」というお考えに。

加藤さんのご希望は「従業員には給料とボーナスも出せているので、それでも余るお金がここまで貯まった。事業についてはこの資金を使うことなく自然とゆっくり拡大していく算段が付いている。だから少なくとも向こう10年は使う予定はない。とは言っても、30代から経営をしてきてリーマンショックも経験している。あの時は本当に倒産するかと思った。それに私に何かあった時にはすぐに解約できるという状態にして事業の安定化を図れる、そんな資金の置き方をしたい。運転資金として2000万円は預金のままでおいておきたい」というものでした。

目指すべきゴール・ソリューション

何かあったらすぐ引き出せるようにはしたいということでしたが、資産運用は基本的に5年以上継続しないとリターンが安定化せず、それまではリスク（振れ幅）に晒されることが多いことを説明し、ご理解いただきました。運用はしたいが、仮に仕方なしに売却した時にも大きな損を抱えるのは避けたいというご意向です。そこで今の資金をすべて運用に回すのではなく、運用の効率は悪くなってしまいますが、現金も残しながら徐々に運用に回していく50万円ずつの「あえて積立」という運用方法を提案しました。

「あえて積立」の場合、必要な時に備えて現金を残しながら、毎月自動引落で運用を行うことができます。もし3年後に資金が必要になった場合も、4200万円の資金はリスクにはさらされていないため、すぐに使用することができます（6000万円－1800万円）。「従業員と一緒に頑張って出した利益の積み上げですから、無謀なことはできませんがこの方法でしたら安定します。それに下落相場の時は、なおのことたくさん口数を購入できると思うとより安心ではないでしょうか」とお伝えしたところ、「確かにこの方法だと安心して行えます」と言っていただき、「あえて積立」という運用をスタートすることになりました。

【相談後の資産構成】

■保有資産（2年後）

預金6500万円

投資信託1700万円（積立分1200万円、スポット300万円）

↓評価益200万円

現在では「あえて積立」を継続しながら、2020年3月のコロナショックのような大幅下落の時には使用していない現金の一部をスポットで購入してみてはどうかと提案するなど、相場に対応して下落が進行した際のアドバイスも行っております。また、積み上げていく時はいいのですが、いざ積み上がり、大きな資金になっていくと値上がり、値下がりの額も大きくなります。利益が増えてきた時は、一部安定的な資産に切り替えるなど、運用後のメンテナンスは重要であることをしっかりご確認いただきながら、担当者としてモニタリングと定期的な面談は欠かさず行っています。

資産運用を始める人へのアドバイス③

「資産運用をしたい、でも損はしたくない」という思いは必ずみなさんお持ちだと思います。しかしそんなうまい話はなく、資産運用にはリスク（振れ幅）が伴います。

数年後に必要なお金が出るかもしれない場合は、今ある資金を全額用いる必要はありません。法人の場合は、特に本業の資金繰りが一番大切なので、もったいないからと無理な運用は行ってはいけません。運用の効率としては落ちてしまいますが、「あえて積立」をしながら、安い時には多めに購入するという手法もいいのではないでしょうか。この方法であれば、何かあった際の資金需要にも対応できるようになり、安心して運用が続けられます。

まったく運用したことがなく「投資に興味があるけど、怖い」と思われる個人の方もいらっしゃると思います。その場合は資産の一部を、一括ではなくて〝あえて〟積立投資を始めるのもお勧めです。下がっても安い時に買えるという気持ちにゆとりを持ちながら運用をすることができます。ただ、あくまで運用効率を考えると一括投資の方が、資産が増える可能性は高まります。

行動経済学の視点から

加藤さんは経営でうまくいったという成功体験から、自分のお考えにこだわってしまう傾向がありました。自分自身にとって都合の良い情報しか取り入れないことを、行動経済学では「確証バイアス」と言います。そこでリスクとリターンの違いなど、資産運用の基礎知識をやさしく丁寧に何度もお伝えしたところ、腑に落ちたようでご納得いただきました。そこから実際に投資を実行されるまではとても早かったです。

ケース④ セカンドライフのために、残りの働いている期間で資産をつくりたい

【相談者プロフィール】

吉永達郎さん（52歳） 会社員

■ご家族

妻　良子さん（52）　パートタイム
長男　和樹さん（23）　会社員
※いずれも仮名

【相談前の資産構成】
■保有資産
普通預金・定期預金　700万円
終身保険　保険金1000万円

吉永さんの課題は？

吉永さんは夫婦ともに50代前半のファミリーです。万が一のことを考え、貯蓄にもなる終身保険に入っていましたが、資産運用の経験は一切ありません。ところが、お子さんが成人し、夫婦も50代を迎え、そろそろ定年後の生活を視野に入れる必要が出てきました。そんななかインターネットで当社を知り、面談となりました。

お会いして、「なぜ運用を始めようと思ったのか」とお聞きすると、「ずっと前から、預貯金だけではなく資産運用で積極的に増やさないと、セカンドライフに間に合わないと思っていましたが、退職金や公的年金で何とかなるかもしれないと考え、先送りにしていました」というお返事でした。

もちろん、運用を始めるのは早いに越したことはありませんが、吉永さんはまだ50代前半。セカンドライフまで10年以上の運用期間が残されていますし、同じような境遇の人もたくさんいます。「今からでもまったく遅くありません。間に合いますよ」と返したら、安心した表情を浮かべられました。

目指すべきゴール・ソリューション

吉永さんは65歳まで働く予定とのことでしたので、定年までの13年間におよぶ運用プランを考えました。また、今後退職金が出ることや終身保険もあるので、65歳の時点で必ず運用に回したお金が必要になることはないというお話でした。

定年までの13年間と65歳時点で保険の解約金や退職金が入ってくるので、最低13年間＋5年以上（退職金や保険の解約金）の長期運用が可能なことから行った提案は、「株式型の投資信託により積立で運用をしませんか」というものです。

幸い、吉永さんには毎月の給与があり、お子さんも社会人まで立派に育てあげていることから、月に10万円は使えるとのこと。

吉永さんからも、「リスクを取ってでも増やしたい」と合意をいただき、65歳までに２３００万円の資産を目指すことになりました。今回は長期で資産運用ができるということから株式型の投資信託だけでポートフォリオを組んだ点がポイントです。

【相談後の資産構成】

■保有資産

普通預金・定期預金　７００万円

投資信託　月10万円の積立投資×13年間

終身保険　保険金１０００万円

退職金（65歳時点）　２０００万円（予定）

株式型の投資信託は、価格が上下しながら右肩上がりに推移してきているので、65歳の時点でどちらに動いているかわかりません。上昇していれば現金化すればいいでしょう。

ただし、下がっていた場合に売ってしまうと、損失が確定します。その場合は退職金や保険の解約返戻金を生活費に充て、投資信託は再び上昇した時点で売却するという計画で話がまとまりました。銀行預金はほぼ利息が付かないので、13年間で1560万円貯まるだけですが、100％株式型の投資信託に投じて6％で運用できた場合、13年後には2300万円になります。

ちなみに6％という数字は過去の世界株式の平均的な上昇率です。これに、普通預金、退職金と保険を足すと6000万円近くになるのです。

こうしたシミュレーションを示したところ吉永さんにもご納得いただき、「ですが、65歳以降はもう少しリスクを抑えたいです」とのご要望もありました。

そこで、「65歳以降は債券などを加えてリスク（資産の値動き）を抑え、3％を目標に運用を考えましょう」と告げたら、「そういうことができるんですね。わかりました」とのお返事。かくして、2段構えの運用が決まりました。実際に65歳が近づいてきたら、債券を入れたポートフォリオをご案内する予定になっています。

このように、まだ働いている時と、働き終わった時の2つのフェーズにおいて、目標に応じて柔軟に運用方法を変えていくのも、ゴールベース運用の特徴の1つです。

資産運用を始める人へのアドバイス④

セカンドライフの資金を短い期間で貯める場合には債券型で運用するよりも、株式型で運用するほうが効果的です。ただし、株式型は変動幅が大きいので、○○ショックのような時に怖くなって、投げ売りしてしまうなら、リターンが少なくなっても、債券を入れて安定的な値動きで増やす必要があります。もし、途中で大幅に値下がりした時でも不安にならず、積立を続ける自信がある場合は、株式型での積立をおこなうことをお勧めします。

行動経済学の視点から

吉永さんは資産運用の重要さを知っていながらも、しばらく行動に移すことができませんでした。「このままではまずい」と理解していても、変化を避けて決定を先送りしてしまい、現状維持を望んでしまったのです。このように現状に固執することを行動経済学では、「現状維持バイアス」と呼びます。それでも吉永さんには、重い腰を上げていただけたので、我々もホッとしています。現状の問題を先送りしている方は、思い切って〝今〟行動してみてください。一度、行動してプランが決まると「すっきりした」とおっしゃる方が多いです。みなさん、先送りしていた問題が解決へ向かい、肩の荷が降りた気分になるようです。

ケース⑤
両親から受け継いだ9000万円の、相続財産を計画的に運用したい

【相談者プロフィール】

望月洋子さん（57歳）　専業主婦

■ご家族

主人　則夫さん（58）　会社員

長女　夏帆さん（26）　会社員

次女　志保さん（23）　会社員

※いずれも仮名

【相談前の資産構成】
■保有資産
普通預金・定期預金　6000万円
株式　800万円
投資信託　1000万円
不動産（自己居住）　4000万円
仕組債　2000万円

望月さんの課題は？

望月さんは5年前に亡き母親から約9000万円の資産を相続したことをきっかけに、資産運用をスタート。地元の地銀で毎月分配型の投資信託、対面型証券会社でテーマ型投資信託や特別な仕組みを持つ「仕組債」、ネット証券会社では個別株を売買していましたが、利益は安定せずトータルではマイナスになっていました。自身で選んでいる個別株はともかく、「金融機関のアドバイスで買った商品の成果が悪いのは納得できない」とのことで、もともと私のお客様であるO様から当社を紹介され、ご相談の運びになりました。

9000万円もの資産があるなら、あえてリスクのある運用をする必要はありません。「なぜ、これほど多くの金融商品を取引したのですか」という私の問いには、「なんとなく……」と、さっぱり要領を得ません。ただし、よくよく話を掘り下げていくと、「2人の娘さんに資産を残したい」、「趣味の旅行を楽しみ続けたい」という希望をお持ちでした。そこで今回は、この2つの課題に対するソリューションを提供することになったのです。

目指すべきゴール・ソリューション

娘さんたちへの相続は、望月さんが亡くなってからになるため、かなり先のこと。そこで、元金を減らさず投資信託で運用し利益が出た時に、一部解約を行い、贈与することを提案しました。望月さんが持っていた毎月分配型ファンドは1000万円の運用に対して年間100万円もの分配金を元本から配当が出る「タコ足分配」の投資信託だったので解約を推奨しました。

そして、これらを売却して得た1000万円に定期預金から3000万円を加えた4000万円で、日本株、世界株、海外債券、REITの投資信託で安定したポートフォリオを組むことにしました。

年間3％のリターンが期待できるポートフォリオで100万円（税引き後）の利益が年間で期待できる組み合わせです。望月さんは「分配金ばかりに頭がいっていて、利益の分を一部解約するという発想はありませんでした」と、感心していました。

100万円の利益は、2人の娘さんに暦年贈与の非課税の範囲内である50万円ずつ贈与していくことにしました。ただし、毎年必ず100万円のリターンが出るわけではなく、大きく上がった年は多めに利益を確保、大きく下がった時でも売却をしないというルールにしています。

なお、娘さんたちが受け取った50万円ですが、望月さんは「無駄遣いするのでは……」と心配だったようです。将来の結婚や子育て、セカンドライフなど、まとまったお金が必要な時のために貯めてほしいというご要望もあったので、私からは「10万円自由に使い、残り40万円はつみたてNISAに回したらどうですか」とご提案。娘さんたちとも面談のうえ、ご理解いただきました。

一方の旅行代は、年に1回友人と海外旅行に行くのが楽しみで、その費用として

30万円ほどが必要だということ。この楽しみの部分はいったん、3000万円とゆとりのある普通預金から捻出してもらうことにしました。

望月さんとは現在も定期的に面談やお電話で近況を伺っています。そして、当社で運用を始めていただいてから約2年間が経った後に仕組債が償還されたので、こちらの資金2000万円も運用しているポートフォリオに追加で運用していただきました。この追加分からの運用益が年間50万円（税引き後）期待できるので、ここから海外旅行代は充当していくことになりました。

【相談後の資産構成】

■保有資産

普通預金・定期預金　3000万円

株式　800万円

投資信託　6000万円

不動産（自己居住）　4000万円

資産運用を始める人へのアドバイス⑤

毎月分配型の投資信託は元金を削っている場合が多いです。しかし、分配金をもらっても、元金はそのまま残っていると勘違いしている投資家が少なくありません。元金が残っているから、受け取った分配金はお小遣いとしてすべて使ってしまい、解約した時に元金が5分の1になってしまっていたというのはよくある話です。

また、毎月分配型の投資信託だけで投資先をチョイスすると選択肢も狭くなるので、運用のうまい投資信託でポートフォリオを組み、利益が出た時だけ売却する形か、楽天証券などにある定期売却という仕組みを使うのも効果的でしょう。

それでも心理的に、どうしても毎月分配金の投資信託が良いという方は運用報告書で元金の大幅な取り崩しになっていないか確認しましょう。次ページに記載した報告書の例も参考にしてください。

行動経済学の視点から

望月さんが地銀や証券会社、ネット証券などで金融商品を頻繁に売り買いして、損をしてもしょうがないかとあっさりとお考えになってしまったのは、自分で稼いだわけではない、親からもらったお金だったからだと思います。このように、同じお金でも入手経路や何のために使うかによって色分けし、価値の感覚が変わることを行動経済学では「メンタルアカウンティング」と呼びます。同じ1000万円でも頑張って貯めたのであれば、投資方法も変わっていた可能性もあります。

銀行や証券会社で販売される資産残高上位の人気高配分ファンド

（単位：円、1万口当たり・税引前）

	第156期	第157期	第158期	第159期	第160期	第161期
	2018年10月11日〜2018年11月12日	2018年11月13日〜2018年12月10日	2018年12月11日〜2019年1月10日	2019年1月11日〜2019年2月12日	2019年2月13日〜2019年3月11日	2019年3月12日〜2019年4月10日
当期分配金	35	35	35	35	20	20
（対基準価格比率）	1.623%	1.686%	1.774%	1.679%	0.976%	0.930%
当月の収益	−	3	−	3	2	1
当月の収益以外	35	31	35	31	17	18
翌期繰越分配対象額	1,494	1,462	1,427	1,395	1,377	1,359

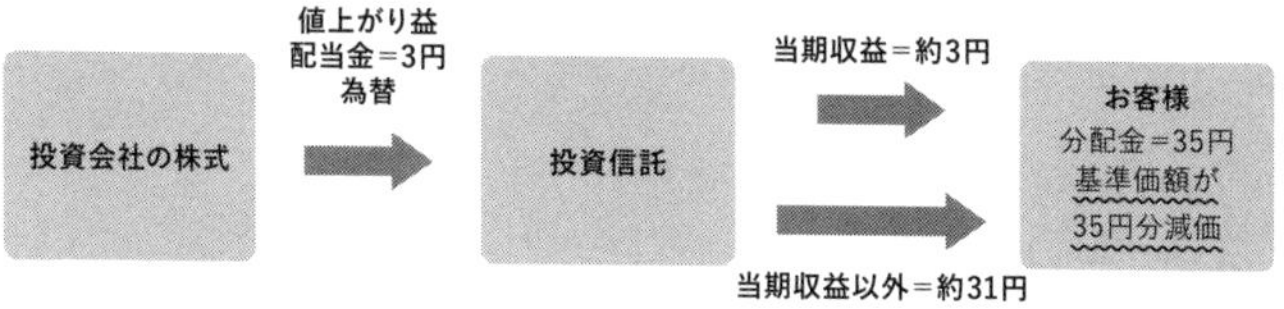

※小数点以下は切り捨てにより、計算

運用報告書の分配金を確認する

また、望月さんのように親御さんから現預金や株、投資信託といった金融商品を相続する人は、これからどんどん増えていくでしょう。資産運用の経験があればまだしも、未経験者であれば扱いに困り、放置してしまうケースも目立ちます。その結果、気が付くと含み損を拡大させることもあり、せっかくのご両親から引き継いだ大切な資産を無駄遣いしているのと同じことになります。一度、客観的な視点で考えてみることも必要でしょう。

パートナーの重要性

5人のご相談者のケーススタディを取り上げましたが、いかがでしたでしょうか。読めば理解できても実際に1人で行動を起こすのは難しいと感じた方もいらっしゃるのではないでしょうか。お客様のお金の悩みに専門的なアドバイザーが積極的に関わることで、正しい方向に軌道修正ができました。これが、ＩＦＡの役割です。

資産運用を1人で始めると、いくら相場が荒れようが誰にも相談ができず、重要な判断も自分で下さないといけません。ところが、専門的な知識を持ったパートナーがいると、分散投資を実現する銘柄選択から値動きが分散するような資産クラスの選択、時間分散のアドバイスやポートフォリオ運用の重要性や具体的な提案までもサポートしてくれます。

運用を始めた後の暴落時には、リバランスを自動的に行なってくれるサービスもあります。暴落、株安は買い時とはいえ、ここで債券を売却して株を買い直すには、かなりの勇気が求められ、なかなか実行できないもの。そして何より暴落時に資産運用を1人で続けていくということが一番難しいのではないでしょうか。資産運用は続けていけば成果が出やすくなっていくことをお伝えしましたが、証券会社時代に暴落時にパニックになって投げ売りしてしまうお客様を何人も見てきました。ところがアドバイザーがいると、さまざまな危機やマイナスなニュースが出てきても、大変な時こそしっかりと助言し、正しい判断に導くのです。運用中の感情コントロールにも、パートナーの存在は不可欠でしょう。

お金の不安を1人で解決することは難しく、何かあればいつでも尋ねることができる相手がいると安心し、運用も長続きします。

ファイナンシャルアドバイザーという選択

「はじめに」でも述べましたが、IFAは資産運用に特化したアドバイザーで、欧米では「一家に一人のIFA」というほどの割合で普及しています。信頼度も厚く、「健康のことは医師、身の回りのことは弁護士、お金のことはファイナンシャルアドバイザーに任せると、人生トラブルなく過ごせる」といわれるほどです。

欧米ほど日本では普及していないこともあり、なかには「大事な資産を任せて大丈夫?」と気にする方もいらっしゃいます。ところが、実際にお金を預けるのは証券会社であり、私たちIFAの会社ではありません。

当社はあくまでもアドバイザーかつお客様と証券会社の仲介者であり、「助言」し仲介することが役割です。金融商品の取引を強制することはなく、証券会社とも対等な関係ですから、ノルマも課せられていません。あくまでも、独立・中立の立場でみなさんに接します。

残念ながら、日本では長期の資産運用の概念があまり根付いておらず、資産運用で失敗する人もたくさんいます。そういった人を1人でも減らすのがＩＦＡの役割だと私は考えています。

コラム④ コロナ禍に私たちはどのようなアドバイスをしたのか？

2020年から降ってわいたコロナ禍では、株式市場も大いに混乱しました。2020年1月は2万4000円台だった日経平均株価は感染拡大に伴い急落し、3月19日には1万6552円まで価格を下げました。NYダウなども同様で大きく価格を下げたことで、多くの投資家がパニックに陥り、当社のお客様からもたくさんのお問い合わせをいただきました。

そこで解説したのが、先にも挙げた過去の急落とその後の値動きでした。世界の株式はブラックマンデーで高値から24%下落して2か月も下落相場は続きましたが、その後は26か月連続で上昇して底値から52%も価格を戻したこと、「今までとは違う」と恐れられたITバブルの崩壊、「100年に一度の金融パニック」といわれたリーマンショックの時もそうで、急落の後には時間をかけて上昇し、かつての高値を更新していると、グラフを使いながら丁寧に述べました。そう考えると、新型コロナは未知のウイルスでわからないこともありますが、この下落局面で売った人ほど、損をする可能性があることも告げました。「持ち続けませんか？」というのが、私たちの見解だったわけです。

急落からの回復は過去の値動きが実証していて、世界の人口が増えてGDPも拡大するなら、世界の株だって上昇するというのが、その理由でした。そして、人口の増加に加えて人々の生活が豊かになっていることもGDPの上昇に繋がっています。

かつて、1日200円から300円で暮らす貧しい人は世界に7割もいましたが、現在2割にまで減りました。新興国でもスマートフォンが普及し、電気などのインフラも整備されつつあります。新興国の経済成長に加えて、新興国が発展する限りGDPは増えていく見通しです。運用に失敗するのは短期志向の人であり、売ったり買ったりを繰り返すためマイナスになってしまいます。むしろ、株式が下がるならリバランスの機会にしましょうなど、今の状況をチャンスと捉えるためのアドバイスを行いました。1人で投資をしていると株価の下落局面で債券を売って株式を買うのに躊躇するでしょうが、ＩＦＡのアドバイスがあると安心かもしれません。そもそも、株は安く買って高く売るのが基本ですから、下落時はチャンスです。こういったアドバイスをすることでお客様も安心し、ほとんどの方は保有商品を売りませんでした。むしろ余力のある方には追加買付のご提案もさせていただきました。ご存じの通り、その後は世界の株式市場が大きく上昇しましたから、みなさんその恩恵にあずかっています。

このように、相場の急変は投資家にとってストレスになり、合理的な判断力を奪うことがあります。これをサポートするのも、我々の務めだと考えているので、コロナ禍ではこのようなアドバイスを中心に行いました。

エピローグ

最後まで、本書をお読みいただきありがとうございました。

これまでに証券会社や銀行を通じて投資をした経験のある方なら、「なぜ、営業担当者は頻繁に売り買いさせようとするのか」「なぜ、定期的に転勤するのか」「本当にお客様目線の提案なのか」と思ったことが、一度はあったかもしれません。組織としての金融機関の在り方、ビジネスモデルを紐解くことで、疑問が解消されたのではないでしょうか。投資未経験者の方にとっても業界の内側を知ることで、どうやって付き合っていけばいいかを知るきっかけになれば嬉しいです。

金融機関が強く勧めてくるもの＝優秀な金融商品ではなく、世間で広くいわれている短期的な相場の上げ下げで利益を狙うことが投資全体を指すのでもなく、それはあくまでも一部分を占める「サテライト投資」に過ぎないことも、おわかりいただいたことでしょう。「投資はギャンブルにしか過ぎない」というのは誤解であり、企業の成長、世界経済の成長などを前提としてポートフォリオを組んでいく、「コア投資」

であればリスクを抑えることができ、人生を豊かにするための資産運用になりえると実感していただけたかと思います。

少子高齢化や長寿化、人口減といった急激な環境変化により、私たちを取り巻く「お金の事情」は大きく変わりつつあります。２０２０年から突如として世界を襲ったコロナ禍で、さらに不安を覚えた方も多いでしょう。セカンドライフが迫っているみなさんだからこそ、「何とかしないと、もう間に合わないかも」と不安に感じられたのではないかと思います。

ところが本書で述べたように、50代、60代、いや70代からでも手遅れということはありません。むしろ長く生きるようになったからこそ、時間を味方につけた運用で豊かに暮らすチャンスが増えたと言えるでしょう。そのカギを握るのが、運用の目的から逆算したコア投資による資産運用なのです。

ポイントになるのは、世界の株式で運用する投資信託を選ぶということでした。日本の人口はすでに減り始めていますが、諸外国ではまだまだ増えています。そして、世界のGDPも新興国が先進国並みに成長するまで、伸びていくでしょう。そうしたなか、日本の株だけにこだわる必要はないと思います。昔でしたら、日本の投資信託にはなかなか良い商品がありませんでした。しかし、今はテクノロジーの進化により、金融の先進国である米国と同水準の商品も買えますし、簡単に世界の株式市場に投資することが可能です。世界の株式に目を向けるべきです。景気の変動や地政学リスクで一時的に世界同時株安は訪れますが、それでも世界の株なら15年間、国内外の債券をポートフォリオに加えると、7年間の運用でプラスの成果が得られることも過去のデータから実証されています。

また、経済発展目ざましい国で作られた物の価格や、そのために必要な原材料やエネルギー価格はさらに上がり、世界的にみても物の価格は上昇し続けています。輸入国である日本でも長期的な物価上昇は避けられません。ならば、物価上昇にも負けない資産運用を行うことが、資産を守ることにもなるのです。日本人は円での預金が非常に多いですし、給料も当然円でもらいます。そのため円で資産を保有するケースが多いですが、日本円だけで保有するのではなく、貿易の決済に使われ、世界の基軸通貨として流通する米ドル資産を持っておくのも、リスクヘッジになります。海外に投資する投資信託を購入すると、その投資信託のなかでドルを保有することにもなります。この問題も世界の株式に投資する投資信託を保有することで解決できます。

コロナ禍では世界中の中央銀行が大量にお金を刷り、市場に供給しました。これにより、現金の価値が下がると考えられ、不動産や金といった実物資産、さらにはインフレに強いとされる株式市場に流れ込んでいます。いつまで続くかわかりませんが、世界の株式には買われる理由があり、今後はアフターコロナで実体経済が回復に向かうと、さらなる成長期待で買われてもおかしくありません。

一方、日本では社会保障費が増大していて、国の財政は火の車です。新型コロナ対策としても巨額の税金が投じられたので、さらに拍車がかかるでしょう。結果、消費税や所得税は引き上げの傾向になり、新たな税目が出てくる可能性もあります。仮に消費税率が上がると、実質的にその分は物価が上がったことを意味し、家計にマイナスの影響を与えることは必至です。

こうしたなか、私たちの資産は何もしないままだと、価値が下がってしまう恐れがあります。自由な時間が増えるセカンドライフが色あせるのは、あまりにも悲しい話です。積極的な資産運用による「自助」は必須の取り組みになっていくと思います。投資は決して「金儲け」が目的なのではなく、今の経済環境のなか、セカンドライフを迎えても好きな場所に出かけたり、おいしいものを食べたり、家族とともに楽しい時間を過ごすために必要な、自己防衛策と言えるでしょう。

ただし、長期にわたる資産運用、しかも大事なセカンドライフのためだからこそ失敗したくないとなれば、1人やご家族だけで臨むのは不安があると思います。身近な金融機関の営業担当者や運用に詳しい友人で信頼できる方がいればいいですが、そのような状況は多くはありません。そこで選んでいただきたいのが、私たちIFAです。金融機関から独立し、中立な立場から運用プランを提案できる専門家だからこそ、顧客が抱えるお金の悩みを解決できる、唯一無二の存在だと考えています。日本ではなじみのない制度だからこそ運用を任せるのに不安を覚える方もいますが、金融先進国の欧米ではなくてならない存在ですし、今や投資信託はＩＦＡを通じて買うのが主流となっているほどです。

何よりも、独立性・中立性を担保しているのは重要なことで、金融機関と資本関係がないからこそノルマとも無縁ですし、何よりも顧客のみなさんに満足していただかないことには我々のビジネスは成り立ちませんから、どうしても中立の立場になり、顧客目線の提案をしないといけないのです。こういった姿勢は、ケーススタディからもおわかりいただけたと思います。

当社の場合はお客様にヒアリングのうえ目的・目標を設定・共有するゴールベース運用を採用し、20代～70代と幅広い世代のＩＦＡがさまざまな視点から最適な運用戦略を提案。運用開始後も定期的な面談や運用報告書の提出を行い、相場急変時のアドバイスやライフプランの変更時の対応など、アフターフォローも万全です。節税や不動産、法務、相続など運用以外の課題については、専門家とチームでサポートいたします。資産運用の入り口から出口までをワンストップでサポートする体制を整えていて、当社としても、みなさんと「共助」しながら豊かな生活を実現するお手伝いをさせていただきたい次第です。

ちなみに、「コア投資は本当に大丈夫なのか?」という質問も多く寄せられます。もちろん、市場環境の変化はあるので、「100%安全」とは言い切れません。ですが、安定運用の要になることは事実です。

それを実証すべく、私自身もコア投資を実践しています。次ページに私のポートフォリオの一部を掲載しています。参考になれば嬉しいです。みなさんの場合はご年齢を考えて債券も組みわせた運用を推奨しましたが、私の場合は過去の平均で年間約6%で成長する世界株式であったり、成長目覚ましい国内中小型株が対象の投資信託に積立投資などをして、30年間で1億円に増やしたいと考えています。

コア投資は資産運用の柱ですが、他にも株主優待が目的の個別株も買っています。三越伊勢丹は買い物で使うことができる割引券が届いたり、イオンはキャッシュバックの優待があるなど、日常生活で役立ちます。このように、資産運用を「人生を豊かにするためのツール」として、ご活用いただきたいのが、私たちの願いです。

残念ながら、預貯金でお金が増える時代は終わりました。おそらく、状況は当面変わりません。ならば、資産の置き場所は変えるべきでしょうし、そうしないことには資産は育ちません。ぜひ、運用の力でみなさんの人生を、さらに豊かにしていただきたいと思います。本書がその一助になれば幸いです。何か困ったことやさらに知りたいことがあれば、気軽に相談してください。

なお、本書ではご愛読いただいた方を対象に、特典もご用意いた

特定口座

注文	ファンド	分配金コース(変更)	保有数量 Lスポット・積立 (内訳を表示)	平均取得価額 取得総額	基準価額 前日比 / 前月比	時価評価額 評価損益 円 %	トータルリターン	あしあと
売却	キャピタル世界株式ファンド	再投資型	223,356 口	14,326.90 円 319,999 円	20,463 円 +61 円	457,053 円 +42.82 %	+137,053 円	詳細
売却	MHAM新興成長株オープン(J-フロンティア)	再投資型	85,765 口	21,212.03 円 181,924 円	27,161 円 +678 円	232,946 円 +28.04 %	+53,946 円	詳細

つみたてNISA

注文	ファンド	分配金コース	保有数量	平均取得価額 取得総額	基準価額 前日比 / 前月比	時価評価額 評価損益 円 %	トータルリターン	あしあと
売却	eMAXIS Slim 先進国株式インデックス	再投資型	336,953 口	12,402.92 円 417,920 円	17,511 円 +48 円	590,038 円 +41.18 %	+172,118 円	詳細
売却	eMAXIS Slim 新興国株式インデックス	再投資型	388,228 口	10,294.67 円 399,667 円	13,641 円 +63 円	529,582 円 +32.50 %	+129,914 円	詳細

楽天証券webサイトより、一部抜粋

著者のポートフォリオ（一部）

しました。そちらも併せてご活用ください。

今回、本書を執筆するにあたり、多くの方に大変お世話になりました。そして、いつも大切な資産を預けてくださっているお客様、楽天証券様をはじめとする提携先のみなさま、価値のある金融コンサルティングを多くの方に届けるという理念に共感して働いてくれている社員にこの場を借りて心より感謝申し上げます。

2021年7月
五十嵐修平

以下の３つの特典をご用意しています。

① 本書の内容を
詳しく解説した、
セミナー動画

② あなたに合ってい
るか診断する、
保有資産分析
サービス

③ キャッシュフロー
シミュレーション
サービス

本書の内容をさらに知りたい方へ

ご購入者様限定

読 者 特 典

https://value-advisers.co.jp/benefits/

※ この特典は予告なく変更・終了する場合があります。
あらかじめご了承ください

【著者略歴】
五十嵐修平（いがらし・しゅうへい）
株式会社バリューアドバイザーズ 代表取締役社長
大学卒業後、東証一部上場の証券会社に入社。お客様と金融機関の利益相反をなくし、独立·中立の立場で提案したいとの想いを叶えるべく、2013年2月に株式会社バリューアドバイザーズを設立。毎年海外視察をする中で、マーケットの予想を繰り返す日本の金融サービスとは異なる、お客様と目的・目標を共有しゴールに向かって運用する欧米の手法に感銘を受け、独自のコンサルティング手法を考案。IFA（独立系ファイナンシャルアドバイザー）として、お客様目線で価値ある提案を常に心がけている。多数のセミナーを開催しており、多くの顧客から信頼と支持を集めている。日本経済新聞、賃貸住宅新聞などメディア出演も多数。

【執筆協力】
田中久登
株式会社バリューアドバイザーズ　執行役員

55歳《さい》からでも失敗《しっぱい》しない投資《とうし》のルール

2021年 7月11日　初版発行
2023年 1月26日　第6刷発行

発行　**株式会社クロスメディア・パブリッシング**
発行者　小早川 幸一郎
〒151-0051　東京都渋谷区千駄ヶ谷4-20-3 東栄神宮外苑ビル
https://www.cm-publishing.co.jp
■本の内容に関するお問い合わせ先 ………………… TEL (03)5413-3140 ／ FAX (03)5413-3141

発売　**株式会社インプレス**
〒101-0051　東京都千代田区神田神保町一丁目105番地
■乱丁本・落丁本などのお問い合わせ先 ……………… TEL (03)6837-5016 ／ FAX (03)6837-5023
service@impress.co.jp
（受付時間　10:00～12:00、13:00～17:00　土日・祝日を除く）
※古書店で購入されたものについてはお取り替えできません

■書店／販売店のご注文窓口
株式会社インプレス　受注センター ……………… TEL (048)449-8040 ／ FAX (048)449-8041
株式会社インプレス　出版営業部 ………………………………… TEL (03)6837-4635

カバーデザイン　城匡史
本文デザイン・DTP　荒好見
校正　株式会社 RUHIA
印刷・製本　株式会社シナノ
図版　長田周平
ISBN 978-4-295-40552-8 C2034
©Shuhei Igarashi 2021 Printed in Japan